シリーズ学級経営

田中耕治・監修

CASE STUDIES ON
CLASSROOM MANAGEMENT

事例で読む学級経営

岸田蘭子
盛永俊弘
［編著］

2

ミネルヴァ書房

シリーズ刊行にあたって

「今、なぜ学級経営（づくり）なのだろうか」。最近、小学校や中学校の先生と話していると、「何とか授業はうまくいっているのですが、学級づくりとなるとうまくいきません」と悩む声を聞くようになった。よく聞いてみると、「どうもクラスの中に、カーストみたいな人間関係が出来上がっていて、目の届かないところでいじめがあって、不登校になる子どもも生まれているんです」とか「クラスに発達障害と思われる子がいて、どうしてもその子のことが気になり、困っています」という悩みなのである。

翻って、子どもたちの立場に立てば、学校や学級はもはや安心して過ごせる居場所でなく、気苦労を強いる場所となっていることであろう。実は、「困った子」は「困っている子」なのである。このような先生と子どもたちをめぐる悲痛な状況は、一九八〇年代以降に頻発・顕在化するようになる「いじめ問題」「不登校問題」「子どもの荒れと学級崩壊問題」とつながっている。

学校教育を対象とする教育方法学は、従来は授業研究と生活指導研究とを峻別して研究されることが多かった。しかし、今日の教育現実は、授業づくりと生活指導を分離する発想を許さず、まさしく両者が統合された「学級」それ自体に正対することを要求するようになっている。本シリーズは、このような問題意識に立って、戦後日本の教育実践の豊かな蓄積を土台として、現代の多様化する学校現場を踏まえて、次の時代の学級経営を創るための確かな理論と実践知の集大成をめざそうとした。そのために、本シリーズでは、以下のような構成をとっている。

【第1巻】 学級経営の理論と方法（編集責任　田中耕治）
【第2巻】 事例で読む学級経営（共同編集責任　岸田蘭子・盛永俊弘）
【第3巻】 教育的ニーズに応じたインクルーシブな学級経営（共同編集責任　窪田知子・川地亜弥子・羽山裕子）
【別　巻】 名著でたどる学級づくりの歴史（編集責任　川地亜弥子）

読者は、関心のある巻から、また興味を惹く章から読み始めていただければ、学級経営の豊かなヒントをたくさん得ることができるだろう。

最後になったが、ご多忙、ご多用な中で、執筆を快くお引き受けいただき、玉稿をお寄せいただいた執筆者の皆様に、心から御礼申し上げたい。また、学級経営という挑戦的な課題にふさわしく、全四巻のシリーズ本を企画していただいたミネルヴァ書房の神谷透氏、深井大輔氏に、この場を借りて深く感謝申し上げたい。

二〇二二年八月

田中耕治

事例で読む学級経営＊目次

シリーズ刊行にあたって

Ⅰ　小学校

Ⅱ　中学校

Ⅰ　小学校

小学校の学級経営をどう読むか

本巻は、「事例で読む学級経営」とし、小学校の学級経営と中学校の学級経営の事例を紹介する。第一巻で学級経営の考え方や進め方について学んだ理論に重ねて事例を読み深めてほしい。理論を学んでも、実際にはその通りにはいかないのが学級経営の難しいところである。教壇に立ち、学級担任を経験した者なら誰しもが感じることである。本編では、できるだけリアルに教室での教師と児童・生徒の姿が伝わるように実践事例を紹介する。

小学校の学級経営の事例は、低学年・中学年・高学年から各二事例ずつ、計六事例を紹介する。小学校は、幼稚園・保育園（所）・認定こども園から入学して間もない子どもたちとの生活が始まる一年生から、中学校への入学を目前にひかえた六年生まで、発達の違いに大きな差があり、一言では言い切れない実態に即した子どもへの指導が必要である。すなわち、発達に即した的確な指針をもった学級経営が必要であることは言うまでもない。小学校の教員は、どの学年を担任する可能性も持っている分、経験が浅ければとまどいも多いに違いない。もちろん、発達段階だけではなく、地域や家庭の実態によって子どもの実態もちがう。要するに二つと同じ学級はない。しかし、このことを何もマイナスにとらえる必要はない。毎年の出会いによって担任と子どもたちの世界にたった一つのドラマがそこで誕生する。いつも順風満帆に進むわけではない。雨の日も風の日もあるかと思えば、雨降って地固まる日もある。そうやって過ごした学級は、時間とともに成長し、何ものにも代え難いプライスレスな価値を持つ宝物となってそれぞれの人間をたくましく成長させるのである。教師の醍醐味、担任の醍醐味はそこにある。

今回紹介する事例は、対象とする子どもの発達段階は違うものの、共通している点がいくつかある。

・どこまでも一人ひとりの子どもに寄り添う。

・どのように子どもを育てたいかというビジョンが明確にある。

・教師と子ども、子どもたち同士の絆を意識している。

また、低学年・中学年・高学年によって、執筆者の先生方には特色ある実践をテーマにそって書いていただいた。例えば、低学年は「子どもに自信を持たせつつ、自立していく」ための道筋が丁寧に解説されている。

第一章「子どもに寄り添う学級経営の実践」（平田）では、生活科の取り組みを通して、子どもの成長を見取り、適切な助言を適切なタイミングで投げかけていく様子が見て取れる。指示が通らない不安から一方的に指示を与えがちな指導をするのではなく、いつも子どもに考えさせることを念頭において子どもを育てていく信念を終始持った指導で貫く。そして次第に子どもたち同士が自分の思いを伝え合いながら友達の意見も大事にすることで集団ができあがっていくのである。子どもの持つ力の大きさを信じる教師の愛情が深く感じられる実践である。

第二章、同じく低学年の「子どもの力を引き出す学級経営の実践」(長瀬)では、高学年や中学校の指導の経験もある筆者が、子どもの発達の道筋も十分に理解した上で、小学校入学の時期から授業規律や集団のルールを子ども一人ひとりに自信を持たせながら力を引き出して自立心を持たせ、中学年への準備をしていく様子が書かれている。ともすれば、ルールやマニュアルを徹底することを目的化し、そうすれば学級経営がうまくできると誤解されやすい。しかし、あくまでも一人ひとりを大切にするために、一人ひとりの学びを充実させるためにこそ、授業規律が大切なことを子どもたち自身に気付かせていく根気強さが大切であることが読み取れる。また、子どもたちの成長を見守ってくれる家庭の協力は学級経営には欠かせない。保護者の信頼は強い味方である。そのために何をどのようにすればよいのか、その手がかりがいくつもちりばめられている。日頃、見落としていることのなかにもヒントがあるかもしれない。それを見つけられたらきっと学校と家庭が協力することで子どもが育つ学級経営の手応えを感じることができるだろう。

次に中学年の二つの事例は、それぞれ得意とする教科を核にした学級経営の実践を紹介してもらった。小学校の教員は、あらゆる教科の指導を通して毎日の授業を中心に学級経営を進めていくことが前提である。できれば自分の得意とする教科を専門に、自信を持って指導できるようになると、子どもたちは不思議なもので、先生の得意な教科が大好きになりいきいきと力を発揮できるようになっていく。それを核にしながら子どもが育ち、他の教科でも力が発揮されていく様子を見ることができるのは小学校の学級担任の特権の一つともいえるだろう。

第三章「子どもの可能性を大切にする学級経営の実践」(藤原)では、音楽の授業を通して、子どもたちが育っていく様子が伝わってくる。とくに三年生で初めて手にするリコーダーでつまずいてしまう子どもも多いなかで、安心して見通しを持たせ、自信をつけながら、子ども同士を結び付ける音楽の力を借りて学級をつくっていくプロセスが丁寧に書かれているところを読み取ってほしいと思う。また、最後に書かれている学校に登校できにくい子どもへの対応についても担任の愛情深い目線が参考になる。クラスの一員として任された子どもは自分が最後まで引き受けるという覚悟と責任感と熱意が、心から子どもや保護者との信頼関係を築くことになるだろう。

第四章「子どものつながる力を育む学級経営の実践」（増田）では、英語科の授業を通して、子どもたち同士がつながっていく様子が伝わってくる。英語科の目標自体がコミュニケーション力の育成にあるが、年々自分の思いを表現して相手に伝えたり、相手の思いを受け止めたりすることがうまくいかない子どもが増えている。この実践のように、思いを伝え合う活動がいかに楽しく充実したものであるかを毎日の教室のなかで大切に育んでいくことは根気がいることである。しかし、自我が芽生えてくる発達段階において主体的に自分の意見を表現し、受け止める力を育てておくことが、高学年への準備につながるという意味でも大変参考になる事例といえるだろう。

そして、いよいよ高学年の事例である。二つの事例は、学力向上・自己指導能力をキーワードに実践事例を紹介している。中学年までで育てられてきた子どもを引き受けて、さらに子どもたちの力をつけて中学校へつないでいかなければならない。一人ひとりの個性や人格形成に大きな影響を与える思春期の入口であるがゆえに、子どもたちは教師や友達の言動やふるまいに繊細に反応する。自分でできることも増え、自信をつけていく反面、ささいなことにも傷ついて自信を失うこともある。だからこそ、一人ひとりを認め、日々起こる問題に真剣に向き合い、友と学び合う楽しさを実感できる学級づくりを目指してほしい。

第五章「子どもの自己指導能力を育む学級経営の実践」（川井）では、生徒指導の三機能の要素（自己決定・自己存在感・共感的な人間関係）を常に意識しながら子どもたちの自己指導能力を見守る学級担任の姿が見て取れる。学校生活のさまざまな場面において、担任の視点の持ち方次第で子どもを成長させる機会がこうも生み出されるのかと再発見させられる。きめこまやかで丁寧な子どもの見取り、迅速なぶれのない対応、心の通った指導の積み重ねが子どもを自立に向かわせる。そして自分らしさを自信にしながら輝く姿を学校全体で共有しようとしていく力に頼もしさを感じる。

第六章「子どもの力を伸ばす学級経営の実践」（髙田）

では、子どもの学力を狭義のものから広義のものへ、毎日の授業を通して子どもたち自身の物の見方や考え方を広げたり、思考を深めたりする様子が伝わってくる。学習の方法を多様に身に付けておくことは、中学生・高校生になっても生きるにちがいない。そのためには、教師の毎日の授業の教材研究も欠かせない。子どもに学力を身に付けさせることと、学級集団づくりを行っていくこととは常に両輪であることを読み取ってほしいと思う。中学校に向けてどのような姿で卒業していくのか、子どもたち自身に問いかけ、考えさせ、一つの方向に心を寄せていくのである。

このあとに続く中学校の事例紹介もぜひ小学校の先生方には読んでほしい。小学校を巣立った子どもたちが、さらにどのように育っていくのかを知っておいてほしいからである。また、中学校の先生方には、小学校の事例もぜひ読んでほしい。小学校からどのようにして、認められ、認め合いながら子どもたちが自信をつけてきたのか、どのように自己実現をはかろうとしてきたのかを知ってほしいからである。

ここで書かれているように、子どもたちと教師は何年生であっても、日々真剣に向き合うことが大切である。一人ひとりの存在をあるがままに受け取め、誠実に向き合うことの連続が心を紡いでいくのである。本編を書いてもらった先生方は、そのことを正真正銘積み重ねてきた。教師自身も子どもたちに多くのことを教えられたと口を揃える。

今回、本書を発刊するにあたり、若手教員として学んだことを足場に中堅教員へと成長してきた実績のある先生方に事例紹介をお願いした。期待通りに、それぞれの先生方の持ち味を生かした事例を紹介していただけたと思う。読者のみなさんにはぜひとも、タイトルにフォーカスしながら各事例を読み深めてほしい。そして、はじめはいろいろな取り組みを真似てみるのもよいかもしれない。試行錯誤しているうちに、目の前の子どもをあるがままに受け入れるとはどういうことか、子どもの力を引き出すとはどういうことか、子ども同士をつなげるとはどういうことか、自分なりの答えが見つかるときがくる。

子どもたちとの一期一会の出会いから一生の宝物になるドラマを生み出し、そこから未来をつくる子どもたちを輩出してほしい。どんな偉人もみな子ども時代を過ごし、心から尊敬する師や仲間に出会ってきたはずである。

かの野口英世は不遇な運命を背負いながら小学校に通い始めたが、小林栄という一人の教師との出会いによって、自分の可能性を開花させ、自分の信念をもって学び続けることができた。励まし合う家族や仲間もいたにちがいない。そして故郷を思いながら、自国のみならず世界中の人々を救う偉業を成し遂げたのである。まさに奇跡とも思える教師との出会いによって知恵と勇気を与えられ、一人の人間の可能性が引き出されたのである。

情報化がすすみ、知識基盤社会において人工知能（AI）が効率的に教育の機能を支援できるようになったとしても、学級経営はそこにいる子どもと教師の関わりあう営みである。心の通った薫陶を受けることは人間同士にしかできないことなのではないだろうか。その答えもまた読者のみなさん自身によって学級経営の実践を通して見つけてほしいと思う。

第一章　子どもに寄り添う学級経営の実践

さまざまな幼稚園や保育園（所）、認定こども園などの就学前施設から入学してくる一年生の子どもたちにとって、小学校で初めての学級は、新しい人間関係がスタートするとても緊張した集団であるといえる。慣れ親しんだ園の学級では自己発揮してきた子どもも、小学校という新しい場では、そうした力は発揮しにくいこともある。そのため小学校では、人間関係や環境が大きく変わることに対する一人ひとりの緊張感を理解しながら子どもを受け入れ、一人ひとりが新しい人間関係を築くことができるようにし、心をほぐし、教職員をはじめ周りの人との信頼関係を築きながら小学校生活に安心感をもてるようにすることが大切である。

低学年の子どもの発達は、直接的、体験的にものや人とかかわりながら学び、物事を総合的にとらえて考えるという特性がある。これは、幼児期の「学びの芽生え」から児童期の「自覚的な学び」への発達であり、その発達の特性は、緩やかに小学校低学年まで続いていく。

つまり、小学校はゼロからのスタートではなく、発達の段階の連続性を踏まえて幼児期の学びや育ちを大切につなぐことが必要である。幼児期の教育から小学校教育への円滑な継続を大切することによって、自分の居場所があり、安心感があるなかで、子どもはさらに自己発揮し、成長を実感しながら自立していくことができるようになる。これが「スタートカリキュラム」、さらには低学年全体の教育の大切にしていることである。

また、縦のつながりだけでなく、生活科と低学年のすべての教科等との関連を図り、児童の意識に沿った活動を展開することで指導の効果を高めていく、横のつながりも大切である。

そこで本章では、

(1) 一人ひとりが安心できる学級づくり
(2) 生活科の学びを生かした学級づくり

という二点について、一年生入学当初、一・二学期の学習、二年生進級前後の三つの時期における学級経営の様子から述べ、伝えていきたい。

一 一人ひとりが安心できる学級づくり――きょうから いちねんせい

一年生が安心して学校へ通えるために、みんなで迎える

入学式を終え小学校生活がスタート。ワクワクドキドキ、一年生の子どもたちが登校してくる。担任をはじめとする教職員は、玄関で子どもたちを出迎える。靴箱への靴の入れ方、雨の日の傘、子どもたちが戸惑わないように声をかけるのはもちろん、「どんな表情で来ているかな」「おうちの人と離れにくくないかな」と、子どもたちの心の面もしっかりチェックする。

しかし、一年生の子どもたちを出迎えるのは、教職員だけではない。一年生の教室には、二年生がスタンバイし、持ってきたお道具箱を置く場所を教えたり、かばんの中身を出して片付けるのを手伝ったりしてくれる。ト

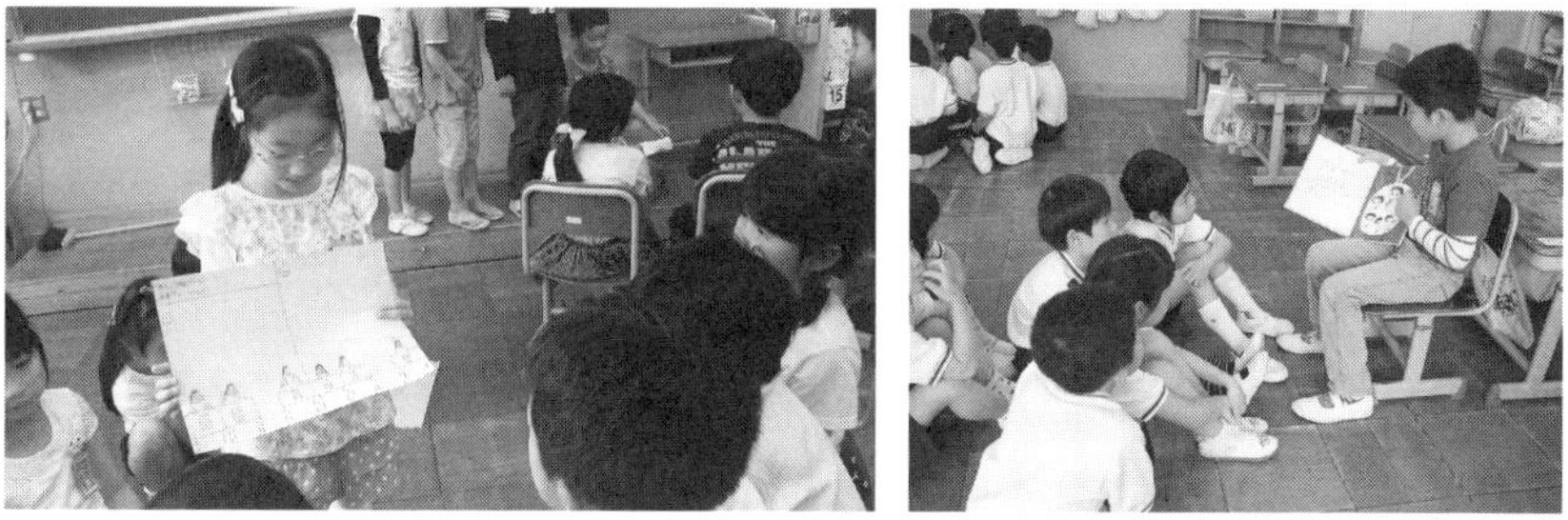

図１－１　本の読み聞かせやクイズを出している様子

イレに行きたい子には、トイレまでの案内や使い方なども教えてくれる。終わると、教室内でおしゃべりしたりクイズを出して遊んだりしてくれる子もいる。

その後やってきたのは三年生だ。水曜日と金曜日は本の読み聞かせの日で、一年生が喜びそうなお話を図書室から選んできてくれる。火曜日と木曜日には、校歌を歌って教えてくれる。言葉の意味が難しいところもていねいに説明してくれる。

上級生の温かいかかわりは、朝だけではない。給食の時間になると、給食エプロンをつけた四年生が教室へ来てくれる。月曜日と火曜日には、エプロンの着方や脱ぎ方、たたみ方、配膳の仕方を手取り足取り教えてくれる。水曜日以降は、一年生が自分でできるように見守り、声をかけてくれる。掃除の時間には、五年生が教室へ。軽々と机を持ち上げ、掃除が始まる。はじめのうち一年生は掃除の見学をするだけだったが、掃除の仕方を少しずつ教えてもらい、自分たちで掃除ができるようになっていく。

活動の見通しをもって過ごす

四月中は、一時間目～五時間目の四五分ごとの分け目ではなく、一日の学校生活を三つの「たいむ」に分けて、子どもたちが活動の見通しをもちやすいように工夫する。

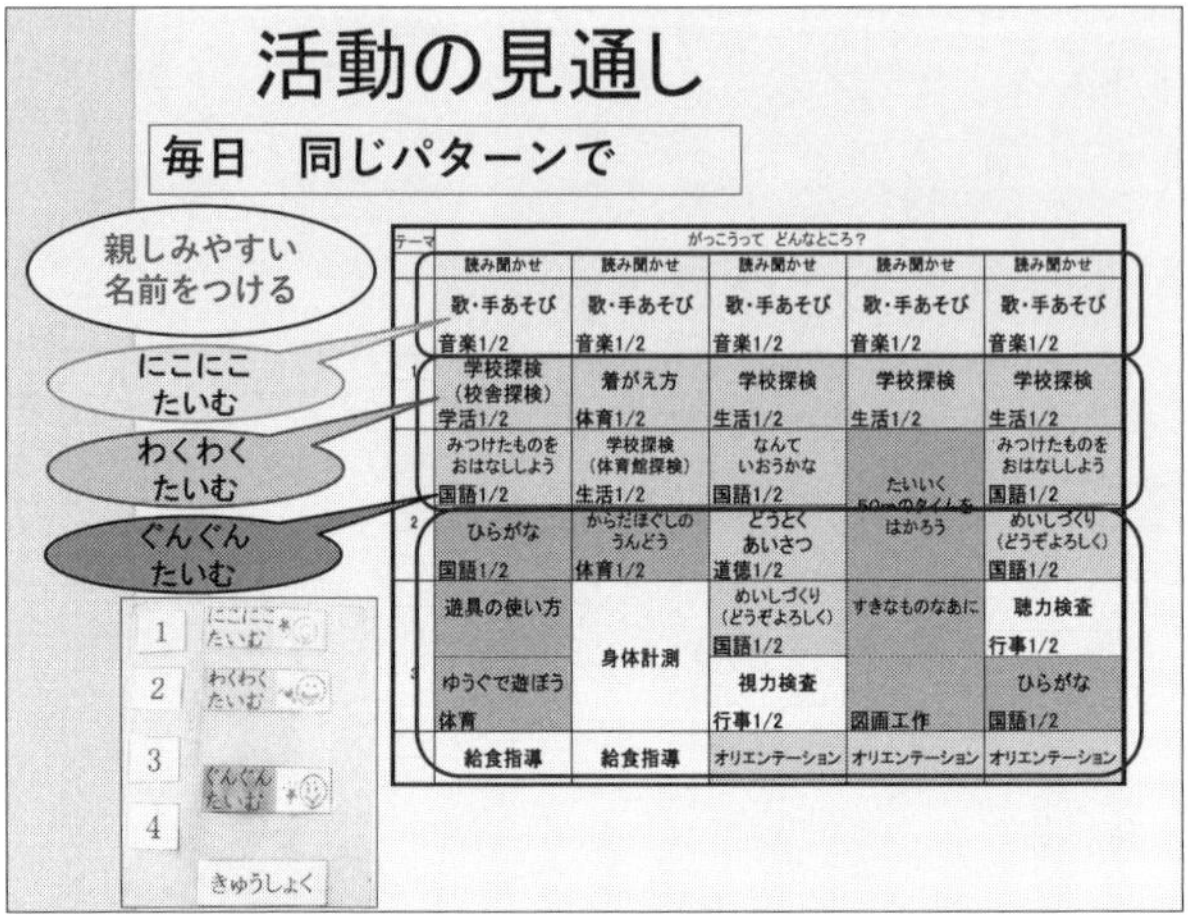

図１－２　「たいむ」による活動の見通し

出所：筆者作成。

「にこにこたいむ」　歌や手遊びなどで、教室での活動に慣れたり、先生や友達とのかかわりをつくったりする。

「わくわくたいむ」　学校探検などの生活科の活動を中心に、校内での活動をする。

「ぐんぐんたいむ」　ひらがなや数字を書く、机上での活動などをする。

入学当初は、「にこにこたいむ」を十分にとり、一人ひとりの子どもたちが先生や友達と早く安心して過ごせるようになる関係づくりを大切にする。一週間、二週間と経つにつれて、「わくわくたいむ」や「ぐんぐんたいむ」を増やしていき、少しずつ自信をもって学びに向かっていくことができるようにしていく。

一日の時間割にストーリー性をもたせて

子どもたちの今までの経験や思いをもとに、一日の時間割の流れにストーリーがあるようにして活動をつくり、学びをつなげていく。

例えば、「にこにこたいむ」で、幼稚園にはどんな人がいたり、どんな場所があったりしたかをみんなで話す。その後、「わくわくたいむ」で、学校にも同じような人がいたり、場所があったりするのか、学校探検に行く。「幼稚園は園長先生って言うけれど、学校だと校長先生って言うんだね」「保育園でけがをしたときは、先生のお部屋に行っていたけれど、学校だと保健室ってところに行くんだね」などと、子どもたちは今までの自分の経験と結び付けながら、自然と学校を探検し、学校のことを知っていく。

また、「わくわくたいむ」で、いろいろな文字や数字を見付ける学校探検に行き、その後の「ぐんぐんたいむ」では、その見付けた文字や数字を教科書などからさがして読んでみたり書いてみたりする。

このように子どもたちの知っていることを土台にしたり、気になったことをすぐに次の学びに生かしたり、ストーリー性のある一日にすることで、幼稚園や保育園での学びを生かし、同時に、生活科の学習を国語科や書写、算数科などと合科・関連させて学びをつなげていくことができる。また、クラスみんなで同じストーリーのなかで生活することで、子ども同士が相手を意識したり、仲間づくりをしたりしていくことができる。

二　生活科の学びを生かした学級づくり①――おおきくなあれ　わたしのはな

もらった種から自分の種へ

ある日、子どもたちは、なかよしペアの二年生からプレゼントをもらう。アサガオの種である。一緒に入っていた手紙には「大事に育ててほしい」というメッセージや育て方が書いてある。子どもたちはすぐさま、「育てたい！」と気持ちを高めていく。

生活科だけではないが、子どもたちがさまざまな学びに出会うときは、子どもたちの生活のストーリーのなかにすうっと入っていくような出会い方を大切にしたい。特に、生活科は子どもたちの日々の生活そのものが学びの対象であり、学びの場であり、学ぶ目的でもある。このような出会いをすることで、主体的に対象とかかわっていこうとするようになり、学びが深まっていくと考えられる。入学して間もない子どもたちにとって、学校生活全体が学びとなるように、生活科を中心にカリキュラムをマネジメントしていくことを大切にしたい。

もらった種を取り出すと、子どもたちは大切に、大切に、見たり触ったりする。ただ単に配られた種ではなく、二年生からもらった特別な種だからだ。そのうちに、見るだけ、触るだけでなく、においを嗅ぐ子が出てくる。だったら「何か聞こえてくるかも！」と耳をそばだてる子も出てくる。

生活科は、あらゆる感覚を使って対象と直接かかわることが大切だ。ここでいう〝きく〟は、〝種の声を聴く〟こと。子どもたちのなかにある思いや考えを、アサガオの声として聴くということだ。情意的な気付きにつながる第一歩だ。一年生のこの時期にしか出会えないこのような子どもの姿を大切に受け止めたい。

その後、子どもたちは、今までの経験やおうちの人などから教えてもらったことをもとに、どうやって育てるのかを考える。育て方というものは、子どもたちにとって大切な知識だが、これも決して「まず、土を用意します。はいどうぞ」「植木鉢に植えます。土は柔らかくしないといけません、わかりましたね」といったような教師の一方的な指示で進めるのではなく、「どんなものに植えるといいかな」「花壇？」「運動場は広いから運動場がいいな」「でも、そうしたら遊べなくなるよ」などといった、子どもたちのいろいろなアイデアから考え、進めていくことを大切にしたい。一人ひとり、〝自分のアサガオ〟としてかかわりをもってほしいという教師の願いがある。だから、子どもたちが納得するまで話しながら決めていく。

無事に種まきを終え、ここからアサガオと自分とのかかわりが深まっていく。しかし、それは生活科の時間でのかかわりだけではない。子どもたちにとってのアサガオは、入学してまだ一か月弱の学校生活を送るなかでとても大きな存在となり、大切なものとなっていく。そんなアサガオを通して学ぶことはとてもたくさんある。

登校すると、子どもたちは朝休みの間にアサガオの様子を見にいく。「おはよう！　元気？　水、いる？」と子どもたちはアサガオに話しかける。「朝、登校したらまず、水やりをしなさい」と、決めつけた形で指示するのではなく、「自分のアサガオはちゃんと元気にしているかな」「早く様子を見に行かなくちゃ！」という、子どもたちの素直な思いを大切にすることが大切である。

アサガオが水をほしがっていたら、つまり、土が乾いていたら水をやる。それを、子どもたちは「のどがかわいたよ」というアサガオの声として聴きとる。アサガオの様子をじっくり見たり、アサガオと話したり、アサガオに触れたりする「アサガオの健康観察」という形で、子どもたちがアサガオとのかかわりを深めていく。

教室で行われる朝の会での健康観察では、「○○さん」と教師が子どもの名前を呼ぶと、「はい、元気です。『あさちゃん』も元気です。葉っぱの数が増えていました」などと、自分のこと、アサガオのこと、二人分の体調をみんなに報告する。このような時間を、毎日大切に続けていく。

こうして子どもたちは、どんどんアサガオとのかかわりを続け、深めていき、それぞれのアサガオを「自分の」「自分だけのもの」としていく。

悩む、考える……

そんなふうに毎日かかわってくるなかで、「はい、ぼくは元気です。でも、『あさみちゃん』は葉っぱに穴が開いていて痛そうです」という子が出てくる。「ええっ、どうしよう！」という子どもの困りを、アサガオの育て方をさらに広く深く考えていくきっかけとしていく。子どもたちにとっての朝の健康観察が、アサガオの体調を見ることだけでなく、アサガオへの深いかかわりの機会へと変化しているのだ。

「友達に踏まれて痛そうなんだよ」「上に伸びてほしいのに，どんどん横にいっちゃう……」

図1－3　アサガオの成長とともに考える

図1－3の二人のアサガオは、周りの子どものものと比べて、とても成長が早かったため、よくみんなの間で話題に挙がり、次のステップへのきっかけとなることがあった。「どんどん大きくなるのはいいけど、上に伸びてほしいのに、横にいっちゃう……友達に踏まれちゃったし……」と悩みが出てくる。

「先生、どうしよう！」と言ってくるが、「アサガオさんとよくお話をしてごらん！」とだけアドバイスする。すると、子どもたちは、話す。聴く。そして、考える。「こうやってずっと持っておこうか」「でも暑いよ」「しんどいし……」。この子たちは迷ったまま、この日は結局、またそのままツルを地面においていた。それでも、教師からは答えをすぐには言わない。子どもたちにとって、このような時間は「自分の思いをもって、工夫し大切に花を育てる」という目標にせまるべく、頭のなかと心のなかをフル活動させている大切な思考の時間なのである。

また、ある子は踏まれて折れてしまったツルに包帯を巻いてあげていた。周りの子たちからは「やさしい！きっと治るよ！」「ナイスアイデア！」と言われていたが、もちろん元には戻らない。日に日に枯れていってしまう様子を見て、アサガオの生長の仕方、命のあり方が、自分とは違うのだということに気付いていく。

さらにツルが伸びて、大変な思いをする子が増えてくると、また違う観点で考える子が出てくる。自分たちの近くで育てている、二年生のキュウリの植木鉢を見て、大きく育っているキュウリが倒れずに助けてもらっている棒を見つけてくる。

「ぼくの背と一緒になったね！」

図1－4　アサガオを自分と比べる

「これがほしい」、この声が出て初めて、教師からその子へ棒＝支柱を渡す。そんな素敵なものがあるならと、「わたしも！」「ぼくも！」と言ってくるが、「アサガオさんがほしいって言ってる？」と返し、ここでもすぐに渡すことはしない。自分のアサガオのところに戻り、アサガオと話をすると、「まだ、いらんって」と、しっかりと自分のアサガオの状態を見て判断する子が出てくる。

一人ひとりの子どもにかかわることは時間がかかるが、決して「今日のめあては、〝あさがおにしちゅうをたてよう〟です」などと言って、みんなで一斉に支柱を立てるような授業にはしない。教師は一人ひとりの思いや願いを大切にし、それが出てくるまでじっくり待つことが大切なのだ。結局、二人の子が最後まで支柱を使わずにアサガオを育てていた。

生活科だけではないが、「比べる」という活動、思考を使って考える活動を大切にしている。「二枚の葉っぱを並べて比べる」「前の日や一週間前と比べる」「友達のものと比べる」といった、いろいろな比べ方があるなかで、図1-4の子どもは「自分と比べる」ということをしていた。アサガオをぐっと自分に引き寄せて考えている姿は、とても素敵な一場面である。これも、毎日かかわっている〝自分の〟アサガオだからこそ出てきた行動だ。ここから気付きの質が高まり、学びが深まっていく。

日々アサガオを育てるなかで、自分のアサガオしか見ていない子はいない。「いいなあ、もう花が咲いて」「○○ちゃんと同じ色の花やった！」「よかった、咲いたね！」など、子どもたちは友達とかかわりながら活動している。子どもたちは日々たくさんの気付きをするが、それは無自覚だったりすぐに消えてしまったりすることが多い。そこで、クラスみんなで交流する機会を意図的に取り入れ、気付きを自覚化したり、いくつもの気付きを関連付けられた気付きにしたりして、互いの気付きの質を高めることができるようにする。ここでは、今まで育ててきたアサガオとの〝なかよしじまん〟をした。アサガオの様子、これまでがんばってきた自分ことなどを交流し、友達に認めてもらい、自己肯定感を高めることもできる。

アサガオとなかよく、一緒に

その後も、子どもたちがやってみたい！　と思う活動に取り組んでいく。いよいよ花も咲かなくなり、種がたくさんできたアサガオが枯れてしまったのを見て、とても悲しそうな様子の子が出てくる。でも、そこで「はい、おしまい」とはとうてい思えない様子のため、枯れしまうとその命はおしまいだけど、またできた種を植えれば、命がつながっていくことをみんなで話したり、枯れてしまったツルや葉っぱをずっと残しておけば？　と考えたりする。

いろいろ話した結果、リースをつくることになった。それぞれつくったリースは、しばらく学校で飾っていたが、「いつも見ていてくれるよね」と、アサガオに見守られて毎日を過ごす子もいた。

このように、クラスの子どもたち全員が自分だけのアサガオとのかかわりを大切にし、一人ひとりのアサガオとのストーリーをつくっていくことで、主体的に学び、自分ごととして考えることで学びを深める。そして、自分のアサガオを大切にしてきたからこそ、自分と同じように友達にとってもアサガオは大切な存在である、ということを言葉だけでなく全身で納得していくにちがいない。

三　生活科の学びを生かした学級づくり②——もうすぐ　みんな　にねんせい

一年生が終わる……？

その後も子どもたちは、いろいろな学習や経験を積み重ね、学校生活を送った。年が変わる前の一二月、ある子どもが大きな手紙をもってきた。「あと三か月で一年生が終わっちゃう。さみしいけどそれまでよろしく」というものだった。特にそんな話を学級でしたわけではなかったのだが、ふっと思ったとのこと。次の日には「ぼくも○○さんの手紙が素敵だったから書いてきた」という子まで出てきた。きっと今までの経験や周りの環境からそんな思いを持てたのだろう。今までの自分たちの日々を振り返り、成長を感じ、これからのことも考えられるようになってきたのだなと感慨深くなる。

年が変わり一月。学年朝会で校長先生からミッションを受ける。新一年生の半日入学で、来年度入学する子どもたちを温かく迎えてほしい、というものだ。今回、小学校入学からの一年間を振り返り、自分の成長に気付いていく学びとの出会いをこのような形にした。一人ひとりに自分ごととして取り組んでほしい、自己有用感をし

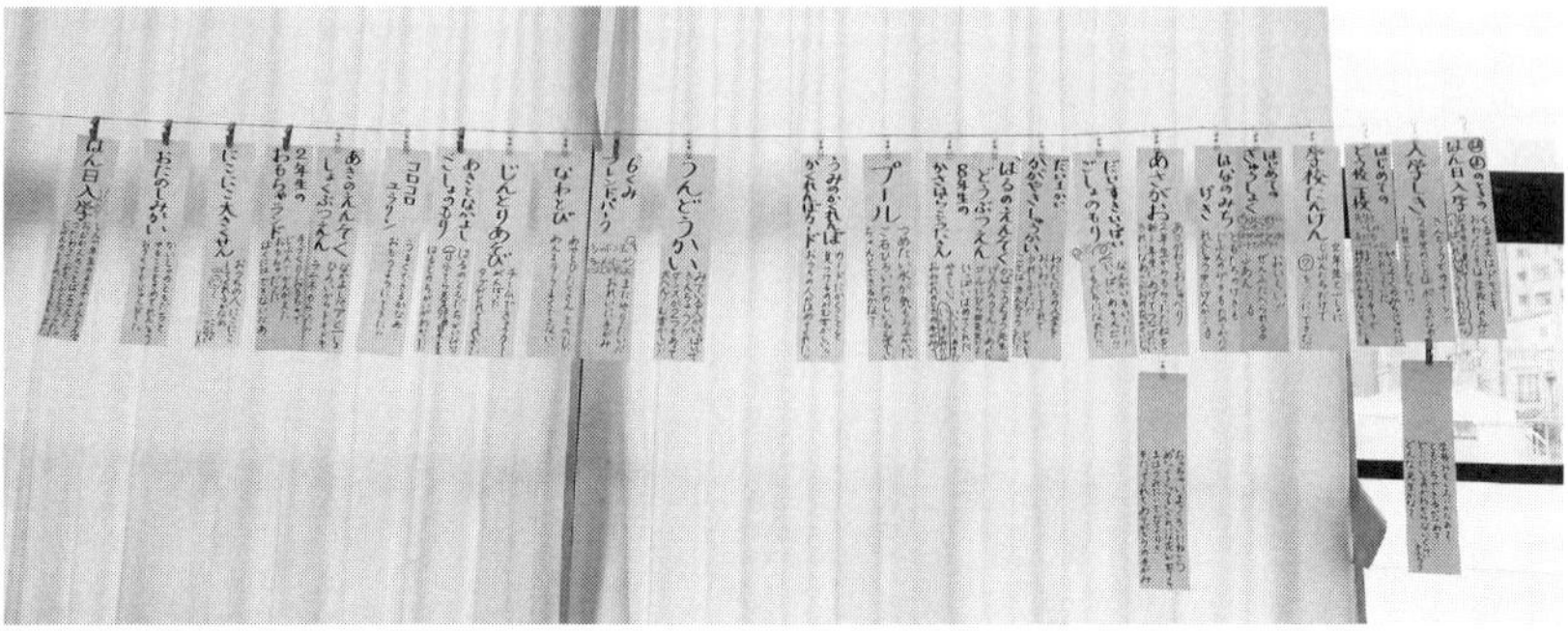

図１－５　集まった思い出

っかりと感じてほしいと思ったからであり、毎日〝一年生〟の日々を当たり前に送っている子どもたちに〝二年生〟ということへ目を向け、そこに進んでいくきっかけにしてほしいと思ったからでもある。

子どもたちのなかで、自分たちが入学前に体験した半日入学をはっきりと覚えているのは、クラスの三分の一くらいだった。覚えている子どもたちの記憶を頼りに、歌や合奏、メッセージ、メダルのプレゼントをしてもらったことを思い出し、自分たちも同じようにお出迎えすることにした。当日は、緊張しながらもがんばり、「ブラボー！」と言ってくれた新一年生までいて、学校を代表しての大役を果たすことができた。

以前の国語科「じどう車くらべ」の学習時、自分たちのつくった「じどう車のことわかるよカード」を使って、あまり車のことを知らないであろう幼稚園や保育園の子に教えてあげたいという願いを持つ子もいた。「もうすぐみんな　にねんせい」というこれから始まる学習のなかで、これまでのいろいろな経験や今までの子どもたちの願いをどうつなげ、生かしていけるか、単元が始まる前からワクワクドキドキ、期待感が膨らんでいった。

思い出を集めよう

半日入学を終えて次の日。大役を終えて、「あの子たちが一年生になって入学してくるということは、自分たちは二年生になる、ということだ。一年間が終わるんだね」ということから単元を始めた。

そこで、一年生の始まりを見てみようと、入学式の写真をみんなでながめていると、「なつかしい」「かわいい」「顔が緊張している」と盛り上がり、一年間を振り返ることになった。そこからは、学校行事だけでなく、日々の学習やクラスでの小さな出来事など、いろいろなことを思い出していった。学校でだけでなく、おうちの人とも思い出したい！という声が挙がり、家でも思い出を集めることにした。

はじめのうち、子どもたちは、出来事をただただ順に挙げていただけだった。この後、自分の成長を実感し、「できるようになったこと」がたくさんあることに気付いてほしかったため、その時の「自分の気持ち」までも思い出せるように声かけをしながら、思い出を挙げていった。すると、「四月や五月は、まだ学校に慣れていなくてドキドキ、不安がいっぱいだった」「初めてのことばっかりだったもん」「でも、だんだん楽しくなって、にこにこがいっぱいになったよ」「学校に慣れてきたもんね」など、一年間の思い出のなかにはいろいろな気持ちがあり、少しずつ安心していって、楽しい、うれしいなどの気持ちが増えてきたことに気付いていった。

とても感心したのは、入学してドキドキしているときに安心して学校に通えたのは、お兄さん、お姉さんのおかげだ、と周りの人への感謝の気持ちをもっている子が何人もいたことだ。子どもたちの成長の証が見てとれる。たとえばF児は、入学当初、二年生から五年生までのお兄さんやお姉さんがたくさん助けてくれたことがあったから安心して学校に通えたし、いろいろなことができるようになった、という思いを強くもっていた。スタートカリキュラムを意識して、一年生を出迎えた全校みんなの思いは、一年生の子どもたちにしっかりと伝わっていたのだ。

子どもたちにとって、忘れてはいけない思い出がいっぱいになった。また、毎日、勉強や生活面であきらめずに一生懸命がんばったことややりきったことがたくさんあった、できるようになったことがいっぱいある、と一

図1－6　大きくなったこと，できるようになったこと

年間で自信が生まれ、大きく成長してきた自分に目を向ける子が出てきた。そこで、大きくなった自分のことを見つけよう、と一人ひとりの具体的な成長に目を向けていくこととなった。

大きくなった自分のことを見つけよう

「大きくなったことってどんなことがあるだろう」と、一枚の付箋に一つずつ、大きくなったことやできるようになったことを挙げていった。いっぱいある、と自覚している子がいるなか、具体的にあまり思い出しにくい子もいた。そこで、今までの思い出のなかから探したり、友達と話しながら見つけたりしていった。

活動の最後にも、子どもたちにやってみてどうだったかを尋ねてみると「もう満足！」「まだまだある。時間が足りないくらい！」という子がいる一方、「あるとは思うけど、思いつかない」「もうないと思う」という子がいた。すると、自然と、「え！　○○さん！　できるようになったこと、まだあるで！　ほら……」などの声が挙がった。そこで、今度は友達の成長も見つけようということになった。自分のことから、周りの友達のことへと視野が広がっていくのがわかる。今まで紡いできた学級の仲間としての絆が、こうやって目に見える形となって表れてくる。

子どもたちは、「字が上手になったね」「いっぱい手が挙げられてすごいね」「給食を食べるのが早くなったね」「けん玉が上手だね」など、互いのできるようになったことをたくさん伝え合っていく。「友達がいっぱいいるね」「いつも人に優しくできてえらいね」など、心の成長に気付いてあげている子がたくさんいたことに、とてもうれしく思った。なかでもK児は、友達から「みんなのことを考えて、よくトイレのスリッパをそろえている」ということに気付いてもらえ、「自分ではあまり意識していなかったことだったのに！」と、とても喜んでいた。このように、クラスの友達から認めてもらうことは、これからの学校生活において自信になるに違いない。

他教科との関連

大きくなったこと、成長したことがいっぱいあったことに気付き、満足した子どもたちは、付箋でいっぱいになったシートを前に、「いろんな人に見せたい、知らせたい」という願いをもった。

そこで、国語科「手がみで　しらせよう」の学習と関連させることにした。教科書のモデル文に幼稚園の先生への手紙があり、そのモデル文と、子どもたちの思いや願いをつなげることができるのではないかと考えたからだ。モデル文を見た子どもたちは「これはちょうどいい。きっと、卒園してからどうしているかな、成長したかな、と思ってくれているだろう」と生活科で見つけた自分の成長を幼稚園や保育園の先生に手紙で知らせることにした。さっそく、モデル文に書いてあることを読み取り、手紙の書き方を学び、書く内容を考えた。日頃、なかなか文章を書くことが苦手な子も、手紙のなかに思いをしっかりと込めることができ、生活科の学習と国語科の学習を自然とつなげることで、国語科の学習も充実したものとなった。

さきほどのK児はこの手紙に、友達に見つけてもらった、トイレのスリッパをそろえていることを書いていた。

手紙を受け取り、このエピソードを知った幼稚園の先生は、「とてもKさんらしい」と話してくださった。

今回、子どもたちが書いた手紙を送る際、ぜひ返事をお願いしたい、ということに加え、園の年長児が今どんな様子か（小学校を楽しみにしている、不安に思っていることがあるなど）を返事のなかで教えてほしいと協力をお願いした。また、校区内の幼小連携をしている幼稚園には、もうすぐ行く小学校に対しての思いを話している年長児の様子を、ビデオに撮ってもらうようにお願いした。

手紙を出した次の週、生活科の学習のはじめに、返事が来たことを子どもたちに伝えた。すべての園から来たわけではなかったので少し心配したが、子どもたちは自分の卒園したところではなくても、自分たちで考えて実際に行動したことに返事をしてくれたことを素直に喜んでいる様子である。いくつかの園から受け取った紙の手紙を披露した。そして、いよいよ、ビデオレターの出番である。「一〇〇点とれるか楽しみ」「新しい友達ができるのが楽しみ」「ランドセルを背負うのが楽しみ」「給食が食べられるか心配」「鼻血が出たらどうしよう」「行き帰りの道が心配」など、新一年生が話している、小学校で楽しみにしていることや不安に思っていることを耳でしっかり聞き、心で感じ取っていった。ビデオレターを見終えた子どもたちは、「新一年生に大丈夫って教えてあげなきゃ」という思いを強く持っていった。大きな成長が感じられる瞬間である。

そこで、子どもたちから、「次の一年生のために、一年一組のみんなができることを考えよう」というめあてがつくられ、学習が進んでいくことになった。

まず一人で、自分たちにできると思うことを付箋に書きながら、隣の友達と考えを出しあった。子どもたちは、ビデオレターのなかで新一年生が話していたことをもとに、どんどん考えていった。その後、クラスみんなで考えた理由や思いを添えて、アイデアを膨らませていく。

先ほどのF児からは、「私が入学した時、二年生、三年生、四年生、五年生のお兄さんやお姉さんが助けてくれて、六年生がやさしかった。そのことがなかったら不安で仕方なかったから、今度は私が新一年生に何かしてあげたい」、他の子どもたちからも「ぼくは入学する前に、お母さんと一緒に何回も行き帰りの練習をしたから、それをすれば大丈夫って教えてあげる」「ぼくも学校で何回も鼻血が出たことあるけど、授業中でも先生に言って保健室に行ったら大丈夫だよって言ってあげる」「給食はおいしいよって言ってあげる」「おうちで練習するといいよって教えてあげる」など、今までの自分の経験をもとに考えたことがどんどんあふれてできた。子どもたち一人ひとりの思いや考えが、対話を通してクラス全体の学びとなり、クラスが一つになってまとまりだしている。

なかに、「今度、半日入学でもなく、入学式でもないときにいろいろ教えてあげたい」と話す子どもがおり、そのことを授業の終盤に話題に挙げると、「それだ！　学校に来てもらおう」「今、自分たちが考えてきた、新一年生のためにできることが実現できる！」と、子どもたちの気持ちがぐっと高まり、「ぜひ、それをやって、その時に教えてあげよう！」「そのことを次から考えよう！」と次への思いや願いが生まれ、つながっていった。

新一年生に学校のことを教えてあげよう

ここからは、ビデオレターにあった、新一年生が楽しみなことや心配なことから具体的な活動を考えた。一年前の自分の様子や気持ちも思い出しながら新一年生の思いに寄り添っていた。子どもたちは、「不安なことは楽しみに！」「楽しみなことはもっと楽しみに！」を合言葉に考えていった。たくさん、たくさん教えてあげたいことがあり、収拾がつかないくらい大変だったが、入学する前の今の時点で教えてあげた方がよいのかどうか、という視点で考え、入学してからでもよいこと、今教えてあげるとかえって不安になりそうなことは外しておくことにした。

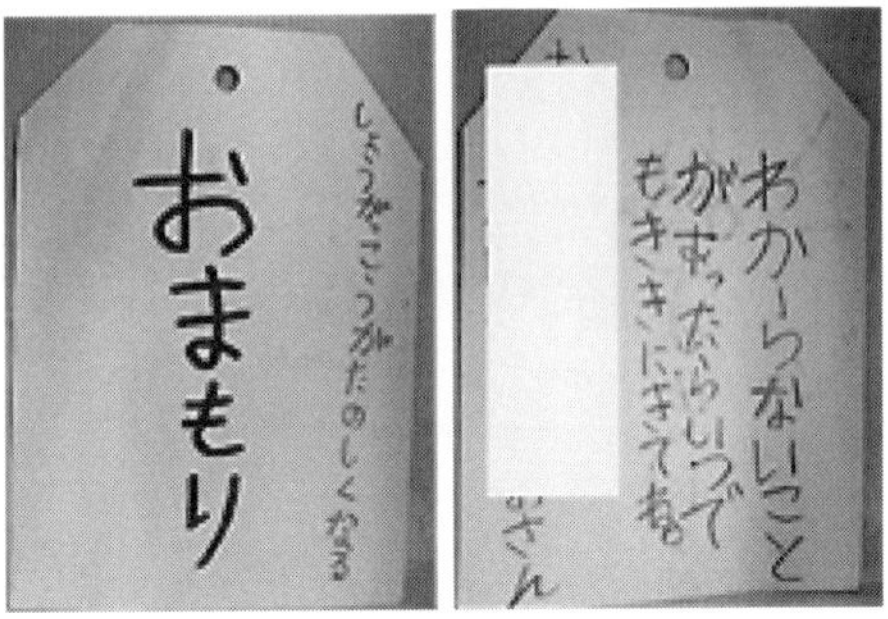

図1－7　新一年生に渡すお守り

最終的には、三つのコーナーをつくり、「しょうがっこうはたのしいよのかい」が計画された。

「べんきょうはたのしいよ　ばっちり一〇〇てんコーナー」では、はじめ、宿題プリントをさせてあげてはどうか、と話していたが、文字や数字は小学校に入ってから学んだことを思い出し、かんたんにできる点つなぎと、一番はじめに書けた方がよい自分の名前を書く体験を用意することにした。まだ字が書けない子にはなぞれるように薄く書いてあげるなどして教えてあげること、もし上手に書けなくてもほめてあげることなども考えている。

「ランリュックをせおって　がっこうをたんけんしようコーナー」では、ランリュック[1]には、ただ荷物を入れればよいのではなく、入れ方のコツがあることを話している。筆箱が背中側にあると、背中に当たって痛いのだそうだ。毎日背負っている子どもならではの話題だな、と微笑ましかった。ここでは、ビデオレターに出てきた行き帰りの道の心配のことも話題に挙がった。実際に自分たちが道を一緒に歩いてあげたらよいのでは、というのだ。これは時間のことや安全面のこと、そもそも新一年生が自分の家をしっかりわかっているかもわからないということで実現しなかったが、ここまで真剣に新一年生のことを考えている子どもたちに感心した。

「わたしたちにおまかせ！　しんぱいふっとび!!　コーナー」は、人によって、楽しみなことや心配なことが違うだろうから、一人ひとりに合わせて話をしてあげよう、ということになった。

コーナーのほかにも、招待状や看板づくり、当日の流れ、司会なども決めていった。また、新一年生に何かプレゼントをあげたい、という思いも生まれ、「これがあれば大丈夫、もしも心配になったら見てね」という思いを込めた「お守り」をつくって渡すことになった。

「しょうがっこうはたのしいよのかい」

いよいよ、校区内の保幼小の連携をしている幼稚園と保育園の来年度一年生になる子たちを招いての「しょうがっこうはたのしいよのかい」当日。かなり緊張しながらも、ここまでの学習のなかで高めてきた思いや願いをもとに、考え、準備してきたことを実践する子どもの姿が見られた。

名前書きにチャレンジした子に、「上手だね！　すごい！」と拍手をしながら大きな声でほめてあげる子。給

何度も拍手をして，とても盛り上げ上手。

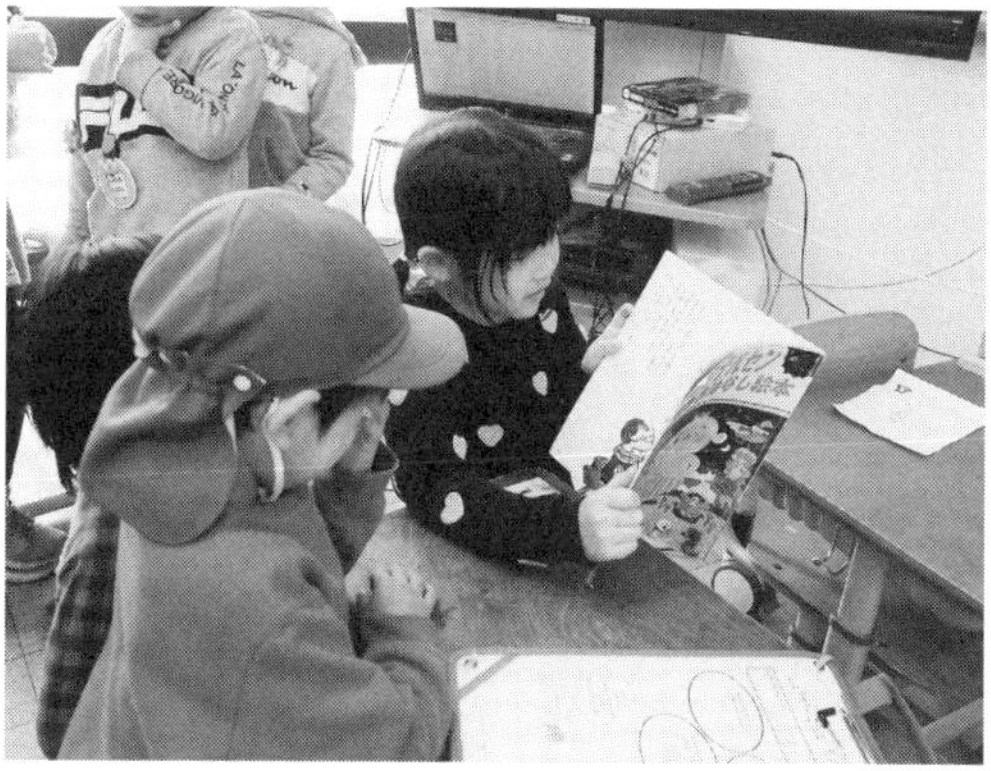

時間があったので，さっと本を取り出し読み聞かせ。

図1－8　しょうがっこうはたのしいよのかい

食エプロンを出して、着方のコツを説明してあげる子。給食の献立表を見せて、いろいろなメニューがあることを教えてあげる子。手をつないでゆっくり学校を案内する子。活動の時間があまり、自分で持ってきた易しいお話を読んであげる子。それぞれ相手の年長さんの表情や様子を見ながら、触れ合ううちに緊張もほぐれ、年長さんに心を寄せて活動していた。

「字を書くのが楽しかった」「金魚を見せてくれてうれしかった」などの感想をもらい、お守りのプレゼントも渡し、無事に会を終えることができた子どもたち。会の後の振り返りでは、「みんな楽しかったって言ってくれたから大成功！」「最初は緊張してうまくいくか心配だったけど、がんばったらにこにこしてくれた」と、子どもたちは満足げだった。

しかし、何人もの子から成功の声が聞こえるなか、一人の子が少し言いづらそうに話し始めた。「みんなにこにこしていたからよかったけど、今日の一回だけで、全部の不安がなくなったわけじゃないと思う」とのこと。これを聞いて、クラス中から「あぁ、確かに」の声。「これからも、まだまだしてあげたほうがいいことがあるよ」と、新一年生のためにこれからも続けてがんばろうという気持ちを新たにしていた。一人の子の声をクラスみんなの思いにしていくのは、このクラスの子どもたちが、友達の考えを自分ごととして考えているからこそなのだろうと、うれしく思う。

楽しみだね！　二年生

次の生活科の時間、これからどんなことをしていかなくてはならないか、してあげたほうがよいかを考えていった。一番に挙がったのは、「なかよしペアの子に、アサガオの種を用意して、手紙も書かなきゃ！」ということ。「じゃあ、今からやろう！」と意欲満々の子どもたちだったが、ある子が、「なかよしペアがまだ決まっていないし、名前もわからないのに書けない」と気付いた。そこで、「じゃあ、これは入学してきてからだね」と、いつやるのかが決まり、黒板に、今日から二年生になる日までの時間軸を書き、二年生の四月のところに書き込んだ。このように話しながら、教室の飾り付け、大掃除、入学式のお迎えの言葉、アサガオの種のプレゼント、学校探検など、自分たちがやるべきこととスケジュールを決めていった。

新一年生のためにできることはたくさん考えられ、自信がついてきた様子の子どもたちだったので、「みんな、もう、すぐにでも二年生になれそうだね」と聞いてみると、うれしそうに「うん」という返事が返ってきた。そこで続けて、「二年生の勉強のこととかは大丈夫?」と尋ねてみると、子どもたちは、はっと気が付き、「ちょっと不安かも……」とつぶやき始めた。「二年生のことは自分たち一年生が教えてあげたから、二年生のことは今の二年生に教えてもらおう!」ということになり、なかよしペアの二年生にお願いすることにした。さっそく、学習のことや行事のことなどを教えてほしい、と二年生の先生へお願いに行くと、教室にお邪魔して教えてもらえることになった。もうすぐ二年生になる子どもたちがどんどん主体性を開花させていく。

「こんな難しい字を習うの?」と、びっくりしながら、漢字ドリルを見せてもらったり、実際に書かせてもらったりしている子や、九九カードを見せてもらい、一緒に唱えてみる子、図画工作でつくった作品を見せてもらったり、けんばんハーモニカで習う曲を吹いてもらったりする子など、二年生の学習や生活に触れさせてもらった。教室に戻ると「給食の量は一年生と同じだって言ってもらって、ほっとした」「二年生のことがよくわかったら、なんだか大丈夫そう」と安心したり、二年生へのイメージを膨らませたりした子どもがたくさんいた。

二年生まであと五日、あと四日……と、カウントダウンされていくなか、教師からある提案をした。二年生の自分へハガキを書くことだ。

今まで、子どもたちはさまざまな場面で手紙を書いてきた。お世話になった幼稚園や保育園の先生、学習でお世話になった人、家族、自分の育てたアサガオ、何度も訪れて楽しんだ〝ごしょのもり〟[2]など、いろいろな相手に手紙を書いてきた子どもたちに、「これからがんばるぞ！　という気持ちを、まだ書いたことのない相手に書こう！」と伝える。子どもたちは「？・？・？」だったが、「それは……、自分！」と聞くと、すぐに「それ、おもしろそう！」とやる気になり、未来の自分へメッセージを書くことにした。子どもたちは、「手を挙げるのをがんばってる？　きっと、わたしのことだからがんばっているかな」「二年生でもがんばれ。一年の自分より」など、思い思いに書いていった。このハガキは、二年生になって少ししてから、ポストに届くようにする。思うようにがんばれている子にも、ちょっと自信がなくなっている子にも、応援メッセージになってほしいと願う。

この後、教室の壁面を学校での楽しいことの絵などで飾ったり、入学式でのお迎えの言葉の練習をしたりと、学級みんなで力を合わせて新一年生の入学へ向けての準備を続けた。また、修了式の後には、二年生から五年生に向けて、入学当初支えてくれたことのお礼と、来年の一年生にも同じようにしてあげてほしいというお願いを伝え、一年生の終わりを迎えた。

四　生活科の学びを生かした学級づくり③——きょうから　にねんせい

二年生になると、子どもたちの活動はダイナミックになっていった。一年生が入学してくると、自分たちが一年生のときにしてもらったように、朝登校するとすぐに、自ら一年生の教室へ行き、かばんから持ち物を出して片付けたり、トイレへ行ったりすることを教えていた。一年生のことをよく考えてあげて、できるようになってきたら、手は出さず、見守ってあげたり、ほめてあげたりする子どももいた。

たんけん　はっけん　わたしたちのまち

生活科のまち探検の学習は、教師が自分のまちのお気に入りの場所や人、食べ物などを紹介することから始めた。子どもたちは教師の住むまちのお気に入りを見聞きするうちに、自然と自分たちのまちはどうだろうという思いをもち始めたようで、「私の家の近くにもいいところがある！」「ぼくも探してみたい！」と、自分の家の近くのお気に入りを見つけてきて、それをグループで交流することにした。

校区が広いこともあって、友達の家やお気に入りの場所などについて初めて知るものもたくさんあり、学級のみんなでそれらの場所を含めて校区を歩いてみよう、ということになった。

ところが、この授業があった週末の休日に、担任も知らぬ間に、グループの四人が集まって、それぞれのお気に入りの場所に、自分たちで出かけて行っていたのだ。

週明けに、教師も含め学級のみんなはそれを聞いてびっくり。他のグループからも、「うちらも行こう！」という声が挙がり、放課後や休日のまちめぐりがブームとなっていった。生活科の学習で校区を歩くより前に、子どもたち自身の意欲と力でどんどん学習が進んでしまうという、びっくりするやらうれしいやら、子どもたちの主体的な学びの姿を見せつけられた出来事であった。

まち探検の学習が終わっても、自分が探検に繰り返し行かせてもらった本屋さんに、友達も巻き込んで毎週末のように出かけるようになった子もいた。その子たちは、さらに本屋さんで自分たちの古本を売るイベントにまで参加することになり、学級のみんなにもチラシを配って紹介するなどして広めていた。他にも、まち探検で初めて知って何度も探検に行かせてもらったパン屋さんにおつかいで買いにいき、そのパンがいつも家の食卓に並ぶようになった子もいた。子どもたちが主体的に学び、友達と協働的に学んだことは、子どもたちの日々の生活のなかにしっかりと根付いているのだ、と本当の学びをしている子どもたちが誇らしくなった。

この後も、子どもたちは、自分たちが主人公となって二年生の学校生活を送っていった。

学びにストーリーを、子どもたちに寄り添って

生活科の究極の目標は「自立し生活を豊かにしていく[3]」ことである。生活科は、子どもたちの日々の生活そのものが学びの場であり、対象であり、目的である。生活科を中心に学級経営をすることで、子どもたちの学校生活を生活科のストーリー性のある学びでつなげることができる。子どもたち一人ひとりがそのストーリーの主人公になり、子どもたちの学びは主体的になる。また、そのストーリーを周りの友達とともにたどることで、自分だけのストーリーではなく、自分たちのストーリーへと発展していく。そのような学びが、子どもたちの日々の生活のなかにしっかりと資質・能力として根付いていくのだと考える。

子どもたちの見取りをていねいにすること、子どもたちの声を聴くこと、子どもたちから次に何が出てくるのか待つことを大切にしたい。そして、そうした教師の姿を子どもたちに見せることも大切にしたい。子どもたちは、教師が興味をもって見ていれば「自分も見たい！」と近づいてくる。教師が真剣に聴いていれば「自分も聴きたい！」と耳を傾ける。教師がじっくり待つことで、子どもたちは自分の思いや願い、考えをもち、主体的に活動していく。そんな子どもたちに寄り添い、ともに学ぶ教師でいたい。それが、一人ひとりが安心できる学級、生活科の学びを生かした学級をつくるために大切なことだと考える。

第二章　子どもの力を引き出す学級経営の実践

低学年の子どもたちは、「何でもやってみたい」という意欲にあふれている。筑波大学附属小学校の教員を長く勤めた正木孝昌[1]は、子どもたちの「やってみたい」「調べてみたい」といった「たい」を引き出すことが重要であると述べている。低学年では、子どもたちのどんなことでもやってみたいという思いを大切にした学級を経営することで、子どもの力を引き出し、より主体的な学びが展開される。

しかしながら、子どもたちの「やってみたい」ことは多様である。ルールや約束事によって子どもたちの「たい」を抑えながら学級を展開することは不可能ではない。しかし、それだけでは子どもたちの学びへの意欲は低下し、力を引き出すことは難しい。そのため、子どもたちの意欲を大切にしながら、道筋を示し、いかに小学校の学びへとスムーズに導いていくかが学級づくりでは欠かせない。

そこで、本章では大きく以下の三つの項目について実践を紹介する。

(1)　一人ひとりの「よさ」を大切にし、「共通の学びのフィールド」をつくる

(2)　「共通の学びのフィールド」を生かしながら、低学年の子どもたちの学びを深める

(3)　中学年を見据えて、子どもたちの「やってみたい」意欲を生かす

一　一人ひとりの「よさ」を大切にしながら「共通の学びのフィールド」をつくる

もし、トットちゃんの担任だったら

みなさんは、『窓ぎわのトットちゃん』[2]をご存知だろうか（図２－１）。戦後最大のベストセラーといわれる、トットちゃんこと黒柳徹子さんの幼少期を描いた一冊である。太平洋戦争が近づくなか、子どもの自発的な学びを大切にしたトモエ学園でのトットちゃんの姿は、多くの読者の支持と共感を得てきた。トモエ学園の小林校長先生のように、一人ひとりのよさを大切にしながら学級を経営したいと望むのは若い教師だけではないだろう。

一方で、幼稚園から小学校に上がってくる子どもたちは、トットちゃんと同様に、さまざまなことに興味や関心をもって教室にやってくる。育ってきた家庭環境だけでなく、複数の園から集まってきたのであれば、園独自の文化の違いが出てくる。子どもの数だけ個性があり、文化的・社会的背景が異なる。小学校の文化を知らないなかで個性と個性がぶつかりあうので、トラブルも当然増えてくる。

大学を出たばかりの若い教師は、トモエ学園の先生のように学級経営をしたいと願いながらも、多様な子どもたちが起こすトラブルに悩み、結果として、トットちゃんを追い出した学校の教師のような排他的な対応をしてしまうこともあるだろう（その後、トットちゃんはトモエ学園に転入した）。そうして自分自身を責めてしまい、学級がうまくいかなくなる場合もある。

私自身、大学から出たばかりの頃、低学年の子どもたちには自由にのびのびと学ばせることで、彼らの力を引き出そうと考えた。しかし、全くうまくいかず、叱ってばかりの日々が続いた。着任した最初の一学期は、とても苦しかったことを今でも覚えている。

その後、教職年数を重ねるなかで、さまざまな経験を得ることができた。トットちゃんのような子を担任するとしたらと考え、低学年の子どもの力を引き出すための実践事例を紹介したい。

共通の学びのフィールドをつくる

①　ロールモデル（規範）を示す

初任者で二年生の担任をすることになった私は、不安よりも希望に満ちあふれていた。京都にある大学を卒業した後、横浜市の小学校に赴任した。当時はどの都道府県でも教員採用試験の受験倍率は比較的高く、まだ狭き門だった。縁もゆかりもない場所だったが、教員採用試験に合格し、憧れの街の教師になれたことがとてもうれしかった。

同時に、教育実習とボランティアの経験程度しかなかったが、子どもたちに面白い授業を提示すれば、うまくいくだろうといった根拠のない自信ももっていた。

しかし、それは、すぐに打ち砕かれることになった。

図２－１　『窓ぎわのトットちゃん』講談社, 1981年

何よりも子どもたちが「話を聞いてくれない」のである。「聞いてくれない」ことで、指示も伝わらず、学習も深まらない。そのうちに、さまざまなトラブルも起こるようになった。最初は、怒らない教師が素晴らしいと考えていたが、大きな声で怒らざるをえなくなった。しかし、そのうちに怒っても効かなくなる。声を枯らし、体重も減らし、定期診断で医者から健康状況がよくないと忠告されてしまった。

そこで初めて、吉永が述べるような「学習態度」[3]の重要性を痛感し

図2－2　学習態度のよさを見つける

出所：吉永幸司『吉永幸司の学年別国語教室』小学館，2004年，12頁。

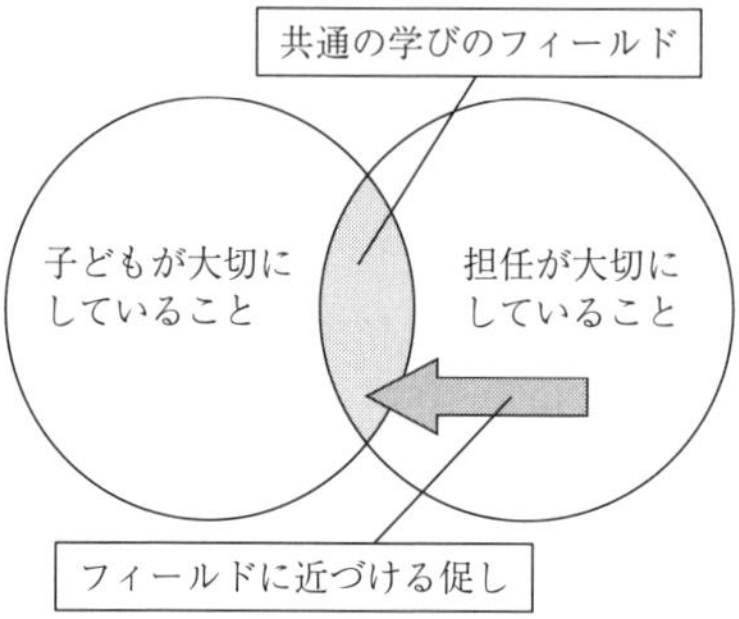

図2－3　共通の学びのフィールド

出所：筆者作成。

たのである。まず、書籍や知り合いや同僚の先生のアドバイスを参考に、どのようにすれば学習態度が良くなるかを考えた。そのうえで、「学習態度のよさを見つける」[4]ことに注目し、姿勢のよい子、話を聴いている子に焦点を当てることにした（図2－2）。今までは、聞いていない子ばかりを見ていて、できている子は置き去りになっていたことに気が付いた。積極的に話を聞いている子をほめると、「ほめられたい」という意識が他の子にも伝わり、それが教室全体に広がっていった。騒然としていたクラスは徐々に落ち着いていった。

　こうした私自身のつまずいた事例から、低学年では、子どもたちと担任が「共通の学びのフィールド」をつくり、学習態度を育てていくことがとくに大切であると考えるようになった。

　「共通の学びのフィールド」とは、教師も子どもたちも大切にする意識のことである。「〇〇すると学校でほめてもらえる、認めてもらえる」ことを子どもたちも認識している状況を表している（図2－3）。

　子どもたちが大切にしていること、つまり個別の「学びのフィールド」は、幼稚園や保育園、家庭ですでに形成されている。あいさつを大事にしている園もあれば、自分から発言することを大切にしている施設もあるかもしれない。こうした「学びのフィールド」はそれぞれのバックボーンが違うため、バラバラであり、担任（学校や学級）が大切にしていること（小学校の学びのフィールド）に近づけていかないと収拾がつかなくなる。つまり、子どもたちが大切にしていることと、担任が大切にしていることを合わせた状態が「共通の学びのフィールド」である。

「共通の学びのフィールド」は、「××してはいけない」というルールの提示をするだけではない。むしろ、「○○するといいことがある」[5]といった「学ぶことのよさ」を明示するということである。そして、「○○するとほめてもらえる（認めてもらえる）」というロールモデル（よいお手本）を示す。ロールモデルは、規範とも言い換えることができるだろう。

こうした共通の学びのフィールドは、低学年では、保護者にも協力をお願いすることを大切にしている。幼稚園や保育園で培った文化も大切にしながら、小学校でどのように学ぶと正しい評価を得ることができるかをつねに明確にすることが四月の学級経営には欠かせない。

②「共通の学びのフィールド」を学級びらきで伝える

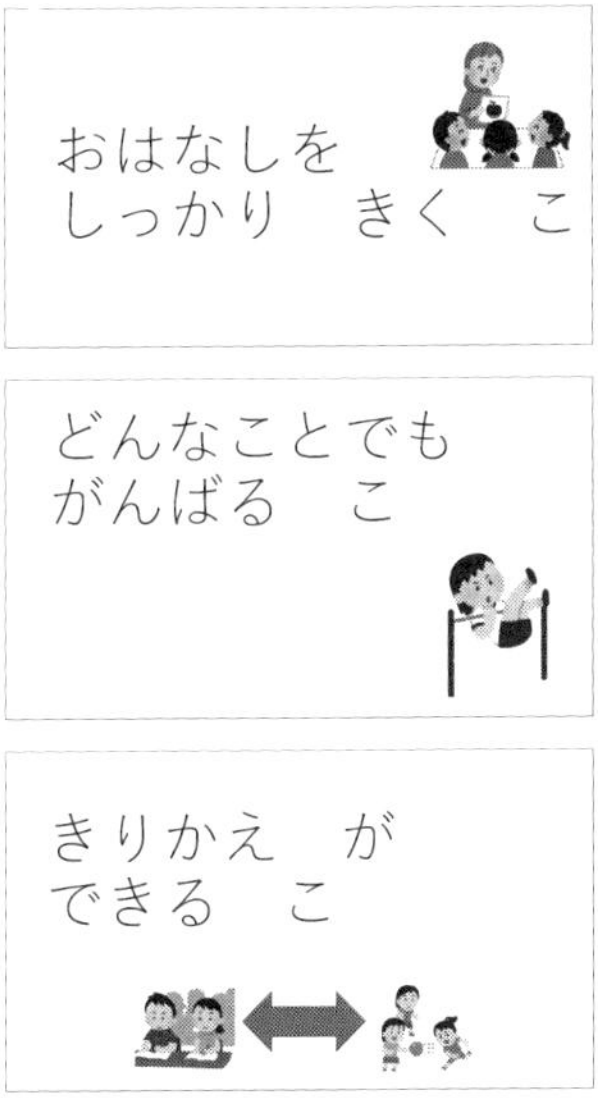
おはなしを
しっかり　きく　こ
どんなことでも
がんばる　こ
きりかえ　が
できる　こ

図2－4　共通の学びのフィールド
出所：筆者作成。

「共通の学びのフィールド」を定着させるために、私は学級だよりをよく使っている。初任者の頃、子どもから「学級だよりを見せたら、お母さんにほめてもらえた」と言われ、うれしかったことがきっかけで多く出すようになった。

私の場合、学級びらきにおいて、まず四月にどのようなクラスにしたいのか、またどのような姿がよいかを伝えるようにしている。例えば、低学年を担任したとき、「共通の学びのフィールド」として示したのが次の三つである（図2-4）。

(1)　話をしっかり聞く（おはなしをしっかりききくこ）
(2)　努力し続ける（どんなことでもがんばるこ）
(3)　きりかえができる（きりかえができるこ）

学級だよりでは、次のような内容を保護者に呼びかけた。

> 友だちや家族、先生、自分たちを支えてくれるまわりの人に感謝し、大切にする子どもたちに育てていきたいと考えています。そのためには、まず、「**話をしっかり聞く**」ことが何よりも大切です。相手の声に耳を傾ける人になることが学びのスタートです。
>
> また、「がまんして苦手なものでも食べられた」「毎日忘れずに取り組めた」といった「**努力し続ける**」こと、そして、遊ぶ時は遊ぶ、学ぶ時は学ぶといった「**きりかえができる**」ことを大切にしていきます。ぜひ、そうした三つの姿がご家庭でもありましたら、たくさんほめてあげてください。さらに、「この三つを心がけていくことがとっても大切なことだよ」と学校に送り出していただければうれしいです。
>
> よくないことはしっかりと叱り、よいことはおおいにほめていきます。また、一年生だけではなく、この六年間の中で、トラブルや問題はおきます。しかし、それは、「**成長のヒント**」でもあり「**成長のチャンス**」です。ぜひ、そうした気持ちで担任とご家庭で協力して子どもたちを育てていきたいと考えています。これから一年間、ご協力のほど、どうぞよろしくお願いします。

「共通の学びのフィールド」は、子どもたちの言葉でも分かるものがよいと考えている。そのため、「努力し続ける」は一年生の子どもたちには少し難しいと感じ、「どんなことでもがんばるこ」というように、説明を加えながら伝えていった。このように、心にスッと響くようなキーワードを子どもと共に考えていくと、お互いの学びのフィールドを近づけることができる。

二　「共通の学びのフィールド」を生かしながら、低学年の子どもたちの学びを深める

聞く子を育てることを第一に

①　静寂さを味わい、聞いて「おたずね」をする力をつける

低学年では、話がしっかり聞ける学習態度を育てることは必要不可欠と考えている。指示を明確に聞く力を身につけないと、学習活動をすることができず、友達ともトラブルを生み出しやすい。

しかし、「話したい」子は多いが、「聞きたい」子は少ない。そのため、低学年のうちに「聞くことが楽しい」「もっと聞きたい」と思うような経験を増やしていくことが必要になる（図２－５）。

「聞くことが楽しい」「もっと聞きたい」と思うような経験を味わうために、初任の頃から取り組んでいるのが「読み聞かせ」である。さまざまな絵本を読んでいくと、クラスが静寂に包まれる。こうした静寂を感じることで、聞くことのよさを知ることができる。

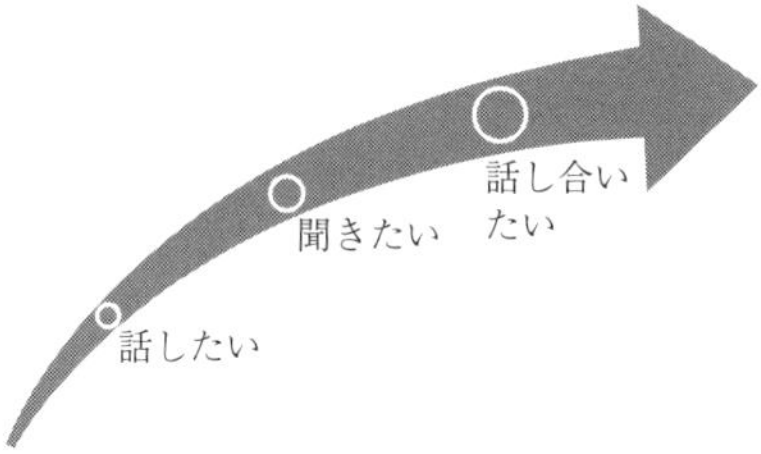

図２－５　学習態度のステップアップ

出所：筆者作成。

また、短い絵本だけでなく、一冊の本を読み聞かせる実践を知ってからはそれに取り組むようにしている。少し長めの一冊の本を少しずつ読み続けていくのである。毎日、少しずつ読んでいくので、子どもたちも読んでもらうことを楽しみにしてくれる。こうした読み聞かせを通した静寂の時間を味わうことで、聞くことが好きな子が育っていくと考えている。

聞くことが楽しいと感じ始めたら、次は友達の話を聞くことの大切さを教えている。相手の目を見て聞くことを、「目で聞く」という言葉で伝えたこともある。こうした「目で聞く」ことができる子をほめるようにしていくとクラスに「聞くこと」のよさが広がっていく。そして、友達の話を聞いて、「おたずね」ができることを目指していく。小幡肇の実践⑥を参考に仲間の声に耳を傾け、「おたずねです」「ぼくは○○だと思うのだけど△△さんはどうしてそう思ったの？」というように、問いかけを楽しむ子を育てていくと、授業での向き合い方が変わっていく。

ただし、こうした「聞くことを楽しむ」学習態度は、すぐにできるものではない。ねばり強く取り組み、定着させていく必要がある。

②　丁寧な色ぬりと正確な字形で書くよさを味わう

聞くことの大切さと同時に、丁寧に取り組むことのよさも経験させたい。丁寧に物事に取り組むことができると、落ち着いて学習に向かうことができるからである。

そこで、低学年で大切にしているのが、丁寧な色ぬりと字形を意識した書字指導である。低学年では、生活科をはじめとした観察や図画工作科の絵画、造形など、色をぬる活動は多い。そこで、こうした学習の場面で丁寧にじっくりと色ぬりができる子をほめていく。保護者にもそのよさを伝えることもあった。

また、書字指導も大切である。「じっくりと丁寧に書くように」とアドバイスをしたこともあった。まずはじっくりと丁寧に書くように意識を持たせ、子どもたちが真似したい字を書くように板書も心がける。丁寧に書くことが「ほめてもらえる」「いいことなんだ」と思うと子どもたちは意欲的に取り組むようになる。

③　ねばり強くほめ続けることで学びのフィールドをつくる

言葉で伝えるだけでは「共通の学びのフィールド」は定着しない。なぜなら、先にも述べたように、子どもたちも保護者もそれぞれ自分自身が大切にしている「フィールド」がすでに存在しているからである。その「フィールド」を学校（担任）が大切としている「フィールド」へと近づくよう、つねにとらえていく必要がある（図2－6）。

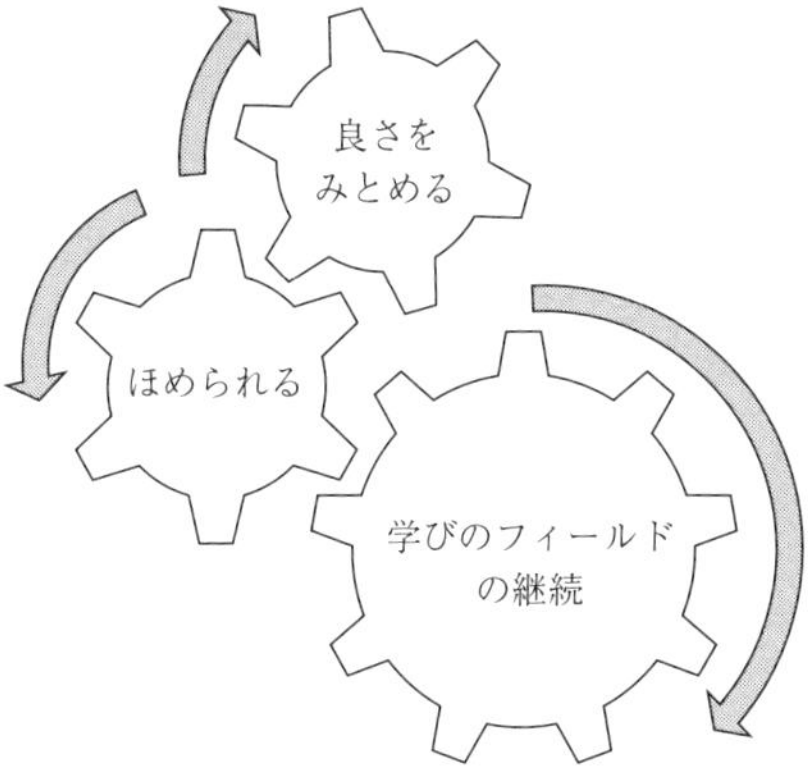

図2－6　共通の学びのフィールドの継続

出所：筆者作成。

新入生として学校に入っていく時は、保護者も子どもも新しい気持ちで臨んでくるので、「共通の学びのフィールド」の提示は受け入れられやすい。しかし、四月は意識していても、五月、六月と過ぎていくと、この「共通の学びのフィールド」の意識は薄れがちになりやすい。

そのため、先に述べたようにおしゃべりをしている子や違うことをしている子を叱るのではなく、相手を見ながら聞いている子をほめるようにして、「共通の学びのフィールド」をつねに意識するようにする。

例えば、四月は「何をほめるか」を明確にし、ほめることによって「共通のフィールドづくり」を目指す。五月、六月は、フィールドを固めていくように丁寧に「意識的に」ほめていくというように、月ごとに目標を定めて取り組むとよいだろう。

④　手本を示し、お互いによさを見つけあう

「共通の学びのフィールド」に合わせて、子どもたちの姿をほめるだけではなく、子どもたち同士で認め合うように促していく。例えば、帰りの会を使って「三人限定で」お互いのよさを認めていくようにしたこともある。全員がよさを伝え合うことも大切だが、低学年のうちは帰る準備に時間もかかるので人数を制限するのもいいだろう。さらに、三人しか当てられないと限定することで、「もっと言いたい」という子どもたちの気持ちを高めることにもつながる。

また、子どもが見つけた友達のよさは、メモをとるようにするのもいい方法である。こうした積み重ねが、担任が知らなかった新たなよさへの気付きにつながる。こうした気付きによって、子どもたちが大切にしている学びのフィールドに担任が歩み寄ることもでき、「共通の学びのフィールド」が広がっていく（図２－７）。

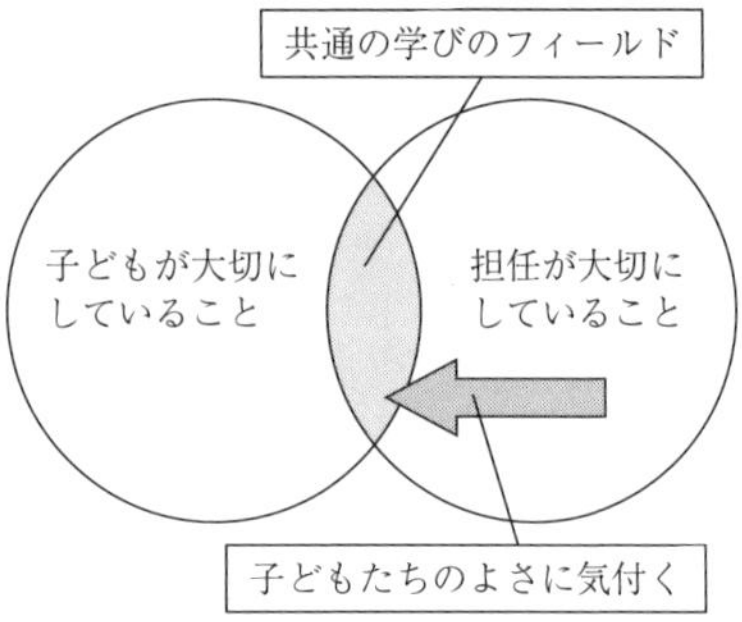

図２－７　共通の学びのフィールドの意識

出所：筆者作成。

⑤　大切なことは、継続して「こだわり」をもって取り組むこと

時間がなかったり、うまくいかなくなったりすることも多いが、継続することで「共通の学びのフィールド」は安定する。そのため、こだわりをもって続けるようにしている。

例えば、「話をしっかり聞く」「努力し続ける」「きりかえができる」という共通の学びのフィールドをつくる

ために、

「話をしっかり聞く」について、
・Aさんは話す人を見て聞いていましたね。
・Bさんは、話す人の目を見て聞いていましたね。
・Cさんの聞く姿勢がすてきですね。背筋がぴっと伸びていました。
・Dさんは、うなずきながら聞いていましたね。
「努力し続ける」について、
・Aさんは、時間がなるまで掃除をしていましたね。
・Bさんは、チャイムがなるまで字を丁寧にじっくり書いていましたね。
・Cさんは、宿題を忘れずに出せますね。
「きりかえができる」について、
・朝の用意がとても早いですね。
・チャイムが鳴る前に席についていましたね。
・言われる前に授業の用意をしていますね。

というような声かけをしていくと、子どもたちも真似してお互いのよさを見つけようとすることができる。

また、仲間のため、クラスのために働こうとする姿はおおいにほめたい。

⑥　保護者には子どもたちの学びのよさを視覚的に伝えていく

入学したばかりの子どもたちはなかなか言葉で伝えることが難しい。また、保護者も我が子のために熱心に取り組もうとするが、担任が目指す「学びのフィールド」との認識にズレが生じている場合がある。そこで、どのような姿がよいかを写真に撮り、学級通信で伝えていくことも効果的な方法である。また最近は、映像を保護者会で上映することも増えてきている。担任が大切にしたい子どもたちの姿を写真や動画に言葉を組み合わせて保護者に見せることもいい方法だろう。

一人ひとりとつながる工夫

①　子どものよさを記録する意義

「共通の学びのフィールド」を築き始めると同時に、子どもたちの様子を記録していくようにしている。子どもたちのよさを記録することは、次のような意義があると考えている。

・よさを知ることで、一人ひとりとつながることができる。
・よさを知ることで、感情的な苛立ちを防ぐことができる。
・よさを知ることで、保護者との関係もよりよいものになる。

よさを知ることで、子どもたちも「先生は私たちのことを認めてくれている」という安心感をもつことができる。つまり、一人ひとりとの関係性を生み出すことができる。

そして、一人ひとりとの関係性が生まれると、感情的な苛立ちを防ぐことができる。教員も人間であるので、思い込みや感情的な苛立ちは当然のことながら生まれてくる。つまり「イラッ」としてしまうことも起こりうる。ネガティブに子どもたちを捉えているとそうした感情的な苛立ちも生まれやすくなるため、それが過剰な指導になってしまったり、うまくいかなくなったりする。そのため、記録を取ることで、ポジティブに子どもたちを捉えていくことができる。

また、子どもたちのよさを記録することは、保護者のそのよさを伝えることが可能になる。懇談会や面談で子どもたちのよさを伝えることができるので、保護者との関係性も良好なものになり、こちらの要望も理解されやすい。

②　どのように記録を取るか

記録の取り方はさまざまあるが、谷口の「『学級全員について、その日の言動を思い出せるか』を放課後や帰宅後に、自分に問う」(7)という子ども理解の方法は効果的である。また、私がよく取り組んでいるのが、机列表を使った記録の方法である(8)(図2-8)。この机列表を使った実践では、「社会科の初志をつらぬく会」が長年、積極的に取り組んできた「カルテ」(9)と呼ばれるものが有名である。

最近では、机列表を持ち歩き、子どもたちのよかった姿をどんどん書き込んでいる。パソコンで書き込んでいくことも多くなった。「共通の学びのフィールド」に関連する項目はもちろんのこと、それ以外でも子どもたちのよい姿を書き込んでいくようにする。

そうすると、記録が残りづらい、思い出せない子が生まれてくる。それは、クラスのなかでトラブルを起こす子や活発に取り組む子ではない。今までの経験から、記録に残りづらいのは、目立たないが頑張っている子である。そこで、記録をすることによって、子どもたちを「見ていない」ことに気付くのである。そして、記録の繰

Ａさん 友達思いで，意地悪をしていたら注意していた。（6月11日） あいさつがきちんとできる。時間を守る。（6月13日）	Ｂさん 友達思い。Ａさんがプリントがなくて困っていたら，大丈夫と声をかけて，一緒に探すことができた。（7月2日）	Ｃさん 友達と仲良く生活することができる。よくＡさんと一緒にいる。掃除の雑巾で床ふきを最後まで熱心に取り組んでいた。（4月30日）
Ｄさん ムードメーカー。最近，Ｂさんと仲良くなった。給食当番の仕事を積極的にしていた。（7月5日）	Ｅさん 明るく，挙手発言が多い。みんなの前で話すことが得意で，運動会でリレーの代表に選ばれた。（7月1日）	Ｆさん 活動をするときに，周りの友達へ教えたり，アドバイスをしたりすることができる。（6月3日）

図２－８　机列表の例

出所：筆者作成。

り返しをすると、教師としての見る力を養うことができる。

③　当たり前を当たり前としない

低学年で大切にすることは、「当たり前のことを当たり前としないこと」だと考えている。

初任者の頃うまくいかなかったことの一つに、さまざまなことについて子どもたちが「できて当たり前」として捉えていたところがあった。「できて当たり前」「これぐらいならできて当然」といった声は先輩の先生から聞くことがあった。それが焦りになって、過度の指導になりやすいこともあった。しかし、若い先生には、子どもたちの行動に対して、「もう一年生（二年生）だからできて当然」ではなく、「一年生（二年生）なのにすごい」というポジティブな捉えが求められる。

中学年や高学年で当たり前のようにできることに対しても、低学年、とくに一年生は簡単にはできない。だからこそ、当たり前のこととして見過ごすようなことも丁寧にほめ、価値づけていくことが必要だと考えている。こうした丁寧な声かけが共通の学びのフィールドにつながっていく。そうしたことが定着した上で、さらに高い目標を求めていけばよいだろう。

たとえば、朝の準備は、低学年の子どもたちが落ち着いて学習するためにとても大切なことである。しかし、高学年のように、「できて当たり前」とするのではなく、細かく丁寧にアドバイスし、そのあと、自分たちで取り組むようにしている。

私が一年生の担任だった時は、入学式を迎えたあと、教室には、朝から何をするかをしばらく黒板に書いておいた。もちろん、ひらがながまだ読めない子が多いが、その場合は、口頭で説明したり、イラストを貼ったりした。例えば、

1　かばんから　きょうかしょや　のおと　を　つくえの　なかに　いれましょう。
2　かばんを　ろっかあに　いれましょう。
3　ぷりんとと　れんらくちょうを　だしましょう。
4　なふだを　つけましょう。
5　すいとうを　すいとういれに　いれましょう。

というように、朝学校にきたら何をするかをくわしく書いておいた。そして、口頭でも説明しながら、できている子をほめていくのである。

これは、高学年からしたら「当たり前のこと」である。しかし、黒板を見ながら取り組んでいる子をほめていく。「すごいなあ」「はやいなあ」「もうできているんだな」と声をかけていく。保育園や幼稚園では、こうした朝の用意（準備）を、丁寧に指導をしているところもある。こうした元々もっている学びのフィールドを生かすことも幼小連携では大切なことである。また、そうした姿を見て真似する子も増えてくる。次にほめる視点は、指示をしなくてもできた瞬間である。こちら側が指示しなくてもできたら、おおいにほめるようにしたい。つま

り、自分たちで考え、自分たちで行動する姿を大切にしていくことである。「先生が言わなくてもできる。これはすごいこと！」といってほめていくと、子どもたちはどんどんと取り組んでいく。

④　支援を要する子は、まずつながることから

学級のなかで支援を要する子は必ずいるのではないだろうか。手を出してしまう場合やトラブルを起こしてしまうことは、担任を悩ませる。立ち歩きやおしゃべりがとまらないこともあり、叱ってもなかなか直らない。そういう時こそ、よい姿を探すところから始めていくようにしている。よさをたくさん見つけ、それを伝えることによって「つながる」ことで、子どもも「じゃあ、やってみよう」という気持ちになっていく。これは、支援を要する子の保護者も同様であり、まずはよさを見つけ、つながることから始めていきたい。

⑤　よさをさまざまな方法で伝える

子どもたちのよさの記録が集まってきたら、それを伝えていくようにしたい。その場合も、学級だよりは効果的である。私の場合、名簿に一人一文ずつよかったことを掲載することもあった。懇談をはじめとして、保護者と話をする時も、問題があることのみを伝えるのではなく、よいことを伝えるように心がけたい。

三　中学年に向けて自ら学ぶ子を育てる

中学年に向けて、次のような取り組みを大切にしている。

①　体いっぱいに学び合う機会を

共通の学びのフィールドができ、一人ひとりとつながっていくと、子どもたちはとても落ち着き、学びに向かう意識が高まってくる。こうした意識が高まってきたら、中学年に向けて思いっきり体を動かすようなダイナミックな学びを展開していきたい。

なぜ、ダイナミックな学びを展開するのか。それは、汗を流しながら、思いっきり体を動かす学びの体験をすることで、学ぶことが楽しいという思いを強くもってほしいからである。学ぶことが楽しいという思いは、学校が楽しいという思いにさせてくれる。もちろん、じっくりと我慢して学ぶ時も必要である。しかし、それだけでは子どもたちの力を引き出すことはできない。ダイナミックに思いっきり学びを味わう機会をもたせてあげたい。

②　ペア、グループ、教室と学びのサイズを大きくしていく

子どもの力を引き出す学級経営の基本は授業である。そのため、授業で友達とかかわり、協力し合い、よさを見つけていく工夫が欠かせない。そこで、授業では、四つの視点の学びのサイズを考えて取り組んでいく。

(1)　先生と子どもの一対一の関係をつくる（つながりの学び）
(2)　子どもと子どもの一対一の関係をつくる（ペアでの学び）
(3)　三人以上の子どもたちの関係をつくる（グループでの学び）
(4)　教室の多数のなかでの関係をつくる（教室全体での学び）

最終的なゴールは(4)の教室で多数のなかでも質問をしたり、話し合ったりしながら教室全体での学びができる

ようになることである。授業中、「はい！　はい！」「私をあてて」と挙手をして発言を求める姿勢は、一見(4)の学びに見えるが、実は(1)の先生との一対一の関係を求めていることが多い。そのため、仲間の発言を聴きながら話し合えるような学習集団としての学級を目指していく。

(4)に向かうため、まず(1)の関係づくりからはじめていく。これは、今まで述べてきたように、共通の学びのフィールドをつくり、一人ひとりを認めていくことで関係がつくれる。そうしたら、次に、ペア、グループと友達の言葉を聞きながら学びを深めていくことを目指していく。最初はペアで簡単なゲームや学習活動を行い、それをグループへと広げていく。三人で詩の読み方を考えたり、五人で役割を決めて音読を発表したりすることもあった。こうした関係づくりを行いながら、教室全体で話し合える授業をつくっていく。

この学びのサイズは、最初は(1)からスタートしていくが、順に展開されるというよりは、行ったり来たりしながら進めていく。子どもたちの実態もあるので、その時の状況をみながら学びのサイズを考えていくとよいだろう。

③　体を動かして学ぶ国語や算数を

公園でさまざまな虫と出会い、自然を味わうような生活科や体を使って動く体育科と違って、国語や算数は教室で学ぶことが多い。しかし、国語や算数も身体を使って学ぶ意識をもたせるとよいだろう。この考え方は齋藤孝の実践[10]に学んだ。

国語では、教科書を持って校庭で音読をしてもよいだろう。遠く離れた場所で大きな声で読み合う方法も気持ちがよい。校庭で詩の題材を選んでくる活動も面白いだろう。初任者のとき、学校周辺に雪が降ったことがあった。雪は珍しい地域だったので、雪合戦や雪だるまをつくって遊んだ後、雪の様子を絵に描いて、冬や雪をテーマに詩を書いた。

詩のなかで「ゆきは、おどっている」と書いた子がいたが、実際に雪と遊んで体験しているからこそ書ける詩だといえよう。こうした体験と言葉をつなぎ合わせるような工夫は子どもたちの学ぶ意欲を高める。

算数では、百円ショップで売っているようなミニホワイトボードを使ってペアで問題を出し合い、解く活動をしたことがある。ホワイトボードを使うと、ノートと比べて相手が見やすく、すぐ消せるという利点がある。そうした利点を使って、ペアで漢字を出し合ったり、一斉に問題を解いたりする学習も可能である。

二〇二〇年に新型コロナウイルスが流行した際には、教室の机と机の距離を取って学ぶことになったのだが、ホワイトボードであれば、距離があり、言葉を発しなくてもペアでの学習を可能にすることができた。

④　調べたいことはどんどん調べることができる環境づくりを

低学年の場合は、まず調べてみたいことをどんどん調べていく環境を整えることだと考えている。調べてみたいことがあれば、

・実際に五感を通して調べてみる（さわる・かぐ・味わうなど）

・インタビューや観察を通して調べてみる

・図書室の本で調べてみる

の三つができるように、教室に本を揃えたり、具体物をもってきたり、調べ方をプリントにして保護者と一緒に取り組めるようにしたりする。低学年は保護者の協力も欠かせないので、お便りなどでお願いをしながら、調

べたいことをどんどん調べていくようにしてあげたい。

⑤　図画工作科を大切にする

大橋功は「図画工作科を制する者は学級を制する」[11]と表現する。一教科に過ぎないので言い過ぎであるとしながらも、「自分らしい発想で、自分なりの方法で夢中になって自己表現できるためには、それを受け止める教師だけでなく『学級の誰もが自分の表現を受け容れてくれる』という仲間への信頼感、安心感が必要」とし、「そこではじめて、お互いの表現の違いをよさとして受け止め合うとともに、自分が気付かなかったことに気付かせてくれる仲間として尊重し合い、学び合える関係が生まれる」としている。こうした「学び合い、育ちあう姿」がよく見られるのが図画工作科であるとする。

一方で、図画工作科は準備が必要で評価も難しいとされる教科でもある。しかし、森實祐里が「どんな『もの』をつくったか、ではなく、どんな『こと』をしたのか」[12]が大切であると述べているように、図画工作科を通して生まれた子どもたちの表現を「よくみて考えたね」「これはどうやってえがこうと思ったの」「色の使い方に伝えたい気持ちが伝わるよ」と言った子どもの学びのよさを見つけることは、子どもの力を引き出す学級をつくることにつながる。

⑥　「やりたい」を大切にした係活動

自分たちで学級を動かしていくことができるようにするために、係活動は大切である。低学年の子どもたちは誰かのために働くことが大好きである。そのため、子どもたちと話し合って活動を決め、取り組むようにしていきたい。

表2－1　係と仕事

かかり	はなしあって　きめた　おしごと
こくご	あいさつ・つくえならべ・クラスあそびのよびかけ
さんすう	あいさつ・なふだのかくにん・カーテン・ボードかたづけ
みちくさ	あいさつ・かしつきの水かえ・たんけんバックのかたづけ・どうぶつけんきゅう
たいいく	あいさつ・ならばせ・ロッカーのせいり・けんこうしらべ・ボードはこび
えいご	あいさつ・水とう・おとしもの
しょしゃ	あいさつ・よてい・ポスト・しょしゃのようい（えんぴつ・ノート）
ことば	としょしつへのならばせ・としょのしごと・でんき
しゅうきょう	あいさつ・れいはいのおしごと・コート（ふく）のよびかけ，てんけん
ずこう	あいさつ・クイズ大かいのようい・きょうしつのけいじ
きゅうしょく	きゅうしょくだいのようい，かたづけ・きょうしつのあそびばのてんけん

注：「宗教」の係は，公立小学校では「道徳」に置きかえることができるだろう。
出所：筆者作成。

一年生のときは、表2－1のような係活動を行った。教科のあいさつの係と生活の係を一緒にしたのである。これがベストではなく、子どもたちと話し合い、実際にやっていくなかでこの形に落ち着いたのである。

このように、係活動は、子どもたちとよく話し合いながら、よりよい方法を模索していくとよいだろう。こうした話し合いはとても意義があると考えている。

⑦　子どもの作文を学級だよりに

一年生も後半になれば、自分の思いや考えを文に表すことができるようになる。子どもたちが熱心に鉛筆を走らせ、たくさんの文を書くことができると学ぶことがとても楽しくなる。

たくさんの文を書くことができるようにするため、学級だよりに子どもたちの作文、日記を載せることは効果的である。学級だよりに作文と名前を掲載し、できれば朝の会などで読み上げるのがよい。子どもたちは、自分の名前が読み上げられると、少し恥ずかしそうにしている子やニコニコしている子、自分の名前が載っておらず、「次は僕を載せて」という子、さまざまである。自分の書いたものが載ることで、子どもたちにとっては大きな励みになる。なお、掲載は年間を通して同じ程度がよいので、名簿表などで誰が何回掲載されたかを確認しておくとよいだろう。

低学年の子どもたちは、意欲に満ちている。その意欲に道筋を持たせながら、小学校の学びがより深く定着していくようにさまざまな仕掛けを試みることが大切である。私は今まで多くの失敗をするなかで、ここで紹介したような実践を生み出すことができた。若い先生には試行錯誤しながら実践を続けてほしいと願っている。

四　子どもと共に成長するために

低学年の子どもたちは、意欲に満ちている。しかし、子どもたちは多様であり、さまざまなことに興味や関心を持っている。そのため、一人ひとりのよさを大切にしながら、子どもたちがどのようなことをすると、学校でほめてもらえ、認めてもらえるかという認識を高める「共通の学びのフィールド」をつくることが大切である。「共通の学びのフィールド」をつくるためには、話をしっかり聞ける学習態度を育てることが必要不可欠である。そこで、「話を聞くことは大切」と認識し、「もっと話を聞きたい」と思うようにするために、話をよく聞いている子をほめ、読み聞かせを行うといった「共通の学びのフィールド」の基礎を丁寧に構築していくことが求められる。そして、「共通の学びのフィールド」を築き始めると同時に、子どもたちの様子を記録していくようにする。子どもたちの具体的な姿を知ることで、一人ひとりとつながることができるからである。その上で、学級だよりや学級びらき、懇談会などを通して、保護者にも呼びかけていくことも低学年ではとても重要である。

また、中学年に向けて、汗を流しながら、思いっきり体を動かして学ぶ体験をすることも大切である。学ぶことが楽しいという思いを強く持つために、さまざまな教科や活動のなかで、子どもたちが自ら学んでいく学びを味わう機会を持たせてあげたい。

私自身、初任者の時から失敗やつまずき、苦労をたくさんしてきた。うまくいかなかったことの方が多かった。今でも、反省することの方が多い。しかし、こうしたうまくいかないことが自分自身の経験を豊かにすることができると考えている。

うまくいかない時に、もがきながら試行錯誤する。そして次の手を考える。こうした繰り返しによって教師は成長する。教室の子どもたちの出会いによって教師もたくさんのことを学び、成長している。

付記　本章は、初等教育研究会『教育研究』二〇二〇年八月号の「一緒にいるだけでも愉しい」を大幅に加筆・再構成したものである。

第三章　子どもの可能性を大切にする学級経営の実践

中学年という発達段階は、仲間意識が高まる時期である。低学年の頃は、先生との一対一の関係を強く求めていた子どもたちも、クラスの友達、またクラス全体という集団をより意識し始める。友達と一緒に何かをする喜びや楽しさを実感することで、友達と一緒にするから学習も楽しい、友達と一緒に遊べるから休み時間が楽しい、友達に会えるから学校が楽しいと感じていく。

また中学年の子どもたちは、低学年と同様にまだまだ「やりたい」「やってみたい」という意欲や好奇心にあふれている時期である。特に三年生では、新しい教科との出会いも多くあり、新しい教科や学習内容を非常に楽しみにしている子は多い。新しい教科の教科書が配られたり、購入した習字セットやリコーダーが届いたりした際には、「わぁ、理科の教科書だ！」「早く習字やってみたい！」と、早く学習がしたくてたまらない、早く使いたくてたまらないという気持ちがひしひしと伝わってくる。子どもたちのその素直な気持ちや意欲を、中学年では大切にしていきたいものだ。

しかし、中学年というのは、自分自身を客観的に見る力も育っていく。友達と比べて「自分はこれができない。苦手だ」と劣等感を持ち、自信や意欲を失ってしまったり、集団という意識の芽生えから友達との関係に悩んだりする子も出てくる。そこから学校に行きづらくなったり、不登校になったりする子も少なからずいる。

よって中学年になっても、低学年のころと変わらない意欲をそのまま引き出すと同時に、クラスの友達という仲間と一緒に学習する楽しさ、全員で一つになることの素晴らしさを実感させたいと願っている。そこで、本章では、

(1)　音楽科を基盤とした試み
(2)　不登校児童・登校しにくい児童に対しての支援を通しながら、学級経営へとつなげていく試み

を中心に、実践を紹介する。

一　音楽科を基盤とした試み①――音楽のもつ力

私自身、幼少期からピアノを習っていたことをきっかけに、中学校、高校では吹奏楽部を経験した。ずっと一人で演奏することが多かったピアノとは違い、吹奏楽という大人数で音楽を奏でる活動をするなかで、みんなで音楽を通して一つになることの難しさ、素晴らしさ、楽しさを学んできた。

地域の行事での演奏や体育祭などの校内での演奏、またコンクールでの演奏など、さまざまな活動を経験してきたが、中学校時代の部活動での忘れられない思い出は、デイサービスでのお年寄りの方々への演奏と、自分自身の部活動引退の日でもあった文化祭での演奏である。思い出となっている理由としては、演奏を聴いたお年寄りの方々、そして文化祭に来ていた方々が涙を流していたからだ。自分たちが一つになって演奏することで、それを聴いている人たちにも思いが伝わり心を動かすのだと、実感した瞬間であった。

音楽には不思議な力がある。音楽は、ときには人々を癒したり、勇気づけたり、生きる活力となったりと、人々の生活をより豊かにしている。

今では卒業式の合唱曲として馴染みのある『旅立ちの日に』は、当時荒れていたある中学校で、「音楽を通して子どもたちを更生させたい、学校をよりよくしていきたい」という思いから、当時の校長先生であった小嶋登先生によって作詞、音楽教諭であった坂本浩美先生によって作曲されたそうだ。「歌声の響く学校」を目標に尽力され、最初は生徒たちからの抵抗はあったものの、歌う楽しさによって学校は明るくなったという。

小嶋先生、坂本先生は、次のように述べている。「心と体が健康じゃないと歌は歌えない。つまり、歌を歌えば心が健やかになる」「合唱というのはクラスで一つのものをつくっていく。一年間を一緒に過ごす仲間と、いろんなことを乗り越えながらひとつのものをつくっていけるという達成感もあり、またそれを人に聴いてもらうことで何かを伝えていくことができる素晴らしいものだ[1]」。

私自身も教師という職業を目指すにあたって、大学では音楽教育を専門として学んできた。そのなかで、音楽の持つ力や音楽教育を通してこそ、子どもたちに身に付けさせることができる力があると改めて感じた。そして教師になった今、担任として音楽科という教科を軸として学級経営をしていくなかで、子どもたちに豊かな心を養い、音楽の楽しさを通して、クラスをよりよくしていきたいと考えてきた。そして何より、音楽を通して「音楽が楽しい、クラスが楽しい、学校が楽しい」という思いを子どもたちに持たせたいと日々思っている。

健康観察は「朝の歌」で

私の学級では、朝の会で「朝の歌」という時間を設けている。歌う曲としては、校内の音楽集会（本校では「歌声タイム」という時間を設定している）で歌うその月の歌や、音楽科の授業で扱っている歌、学年で何かの行事で歌う曲などが多い。

朝というのは、子どもたちはさまざまな思いで一日をスタートしている。

「今日も一日がんばろう」

「今日はどんなことがあるのかな?」

もちろん、子どもたち全員がそのような前向きな気持ちで登校してくれたら、担任としてこれ以上に嬉しいことはない。しかし、全員が前向きに一日をスタートするわけではない。やっとの思いでなんとか教室に入ってくる子、昨日の放課後、友達と喧嘩して重い足取りで登校する子、朝からおうちの人に叱られて、いらいらしながら登校する子など、一人ひとり本当にさまざまである。

そんな子どもたちの様子を知るきっかけになるのが、「朝の歌」の時間である。歌っている子どもたちの様子、顔つき、声の出し方、それを毎日朝一番に見ていくことで、朝の歌でも健康観察ができ、子どもたちの変化に気付くこともできる。誰でも、嫌なことがあったり、落ち込んでいたりすると、歌なんて歌う気にならない。反対に嬉しいことがあったり、いいことがあったりすると思わず口ずさんでしまう。

よって、歌うという活動を通して、子どもたちの心が少なからず見えてくるのだ。朝の気分、そのときの気持ちは一人ひとり異なるが、クラスの子どもたちには歌うことを通して、毎朝楽しく学校生活をスタートしてほしいと願っている。

歌うことが苦手な子へ――アプローチの仕方

音楽の好き嫌い、歌唱の好き嫌いは誰しもある。四月当初は、朝の歌の時間に、クラスの子どもたち全員がのびのびと歌うとは担任としてとうてい思っていない。口が開かず、ただ立っているだけの子、歌ってはいるが、恥ずかしそうにしてのびのびと歌うことができない子もいる。のびのび歌うことが難しい子は自分に自信がない、自分自身の思いや考えを表現することが苦手な子も多いと感じている。

「歌っていない＝音楽を楽しんでいない」というわけではない。しっかりクラスの友達の声を聞いて、自ら歌おうとはしていなくても音楽を楽しんでいる子もいる。その見極めも担任として大事なポイントである。

そんな子どもたちに「歌おうよ」「もっと口開けて」と声かけしたことは一度もない。「無理して歌わなくていいよ。でも友達の声を聞いたり、歌詞を目で追ったりしてごらん」と声をかけるようにしている。その時間は「朝の会」の時間であって決して自由時間ではない。クラスのみんなと一緒に歌う時間である。そのため、歌うことなく勝手な行動をしている児童に対しては当然注意をする。クラスのみんなと一緒に、やるときはやる、これも学級のルールとして大切なことである。しかし、いろいろな思いがあって歌えない子に対して、まずはその子の歌えない思いをきちんと受け止め、認めてあげたい。

しかし、やはり担任としては当然、クラスの子どもたち全員が、みんなと歌うことの楽しさを感じてほしいと願う。そこで、毎日こつこつとアプローチをしていく。そのアプローチをするにあたって大切にすることは、絶対に焦らないことである。

まずは楽譜を手に持つことから始める。歌えない子はそもそも歌うことだけでなく、楽譜にも歌詞にも興味がないことがある。そのため、朝の歌の机間指導の際に、楽譜や教科書をそっと手の近くに差しだすことから始めている。最初は少し鬱陶しそうにする子もいる。しかし、それを続けるだけで、気が付いたころには、自ら楽譜や教科書を開き、手に持つようになる。そうすると次へのアプローチのスタートである。

次は、楽譜をただ単に持っていただけの子に対して、机間巡視の際にその子のそばに行ったら歌詞を指でそっとなぞってあげる。「今、クラスの友達はここを歌っているんだよ」と示すように。これも同じように続けるだけで、自ら楽譜を目で追うようになり、みんなと同じタイミングで楽譜をめくったりするようになる。すると次は楽譜を目で追うだけであった子も、少しずつ、口が開いて口ずさむようになる。そして三学期には、のびのびとまでは言えなくても、クラスのみんなと一緒に一曲を歌う姿が自然と見られるようになってくるはずだ。

また不思議なことに、歌う姿が見られるようになってきたころには、授業のなかで発表したり、前と比べて自分の思いを言葉で伝えようとする姿が見られるようになったりと、自分を表現しようとする姿が見られるようになってくることもある。

毎年思うことであるが、その子を歌う気持ちにさせているのは、おそらくクラスの子どもたちの存在と、子どもたちの歌声であると思う。音楽にはそのような力がある。クラスの担任が「歌おうよ」と声をかけなくても、周りの友達が歌っているのを毎日見て聞くだけで、まるで「一緒に歌おう」と声をかけているような……。クラスの全員が歌えるようになった瞬間を見ることができた日は、毎年、担任として忘れられない一日になる。

選曲の仕方

この朝の歌や音楽集会などで扱う曲は、私個人としては児童合唱曲や音楽の教科書の曲から選ぶようにしている。学級活動でのお楽しみ会や、何かの活動の際のBGMとしては、そのときに流行っている、子どもたちに馴染みのある曲を流すことももちろんある。しかし、「みんなで一つになって歌う」ということを目的としているときは、児童合唱曲を扱うことが多い。私個人としての三つの理由を紹介したい。

まず一つ目の理由としては、子どもの声域に適した曲であるからだ。大人の女性、男性がメインで歌っている曲をそのまま歌うと、子どもの声域と離れていることもある。しかし、児童合唱曲では子どもの声域に適した曲であるため、子どもたちは無理なく歌うことができる。

中学年というのは少しずつ「歌声」を意識し始めることができる学年である。低学年の元気いっぱいの歌い方から、話し声と歌う声の違いに気付き、また高い声の出し方も変化していく。高学年になると声変わりも始まるため、歌うことに悩む子どもたちも出てくるが、中学年はのびのびと歌うことができる発達段階でもある。そのため、児童合唱曲は子どもたちの発達段階に適した曲と考えられる。

二つ目の理由としては、「歌詞の持つ力」である。歌には必ず歌詞がある。歌詞があることによって、伝えたいものや伝わるものがある。児童合唱曲は友達をテーマにした歌や卒業をテーマにしたもの、いろいろな学校行事にあった歌などがある。学級や校内の行事で歌う曲は、子どもたちの発達段階やクラスの実態に応じて、子どもたちに気付かせたいこと、伝えたいことなども考えて選曲したいと考えている。

ここでは、『語り合おう』『友だちはいいもんだ』『すてきな友達』の三曲の歌詞（一番のみ）を紹介したい。(2) いずれも友達や仲間をテーマとした曲である。

語りあおう

見つめあおう　語りあおう　君と共に　心つないで
見つめあおう　語りあおう　君と共に　このぬくもりを
苦しみをわかちあう　素晴らしい仲間
ほほえみが今よみがえる　やさしさが
見つめあおう　語りあおう　君と共に　生きていこうよ

友だちはいいもんだ

友だちはいいもんだ　目と目でものが言えるんだ
困った時は力をかそう　遠慮はいらない
いつでもどこでも　君を見てるよ　愛を心に　きみと歩こう
みんなは　ひとりのために　ひとりは　みんなのために
みんなは　ひとりのために　ひとりのために

すてきな友達

人はみんな　誰でも　ひとりでは　生きていけないから
いつも　すてきな友達と　この手をつなぐのさ
かなしいときも　仲間がいれば　つらくはない
くるしいときも　仲間がいれば　つらくはない

どの曲も歌詞を読むだけで、心が温かくなる。曲を聴く前に、まず歌詞だけ読んでも、なんだか心がほっこりとする。そんな温かいメッセージが伝わってくる曲を毎朝クラスのみんなで一緒に歌うことで、自然とクラス全体も温かい雰囲気になる。これも音楽の持つ力、そして「歌詞の持つ力」であると感じる。

三つ目の理由としては、「新しい出会い」として、である。きっと好きな歌手であったり、アーティストグループであったり、子どもたちはそれぞれの音楽の嗜好を持っている。これは老若男女問わず、誰でもそうだ。子どもたちのなかでの人気の曲、流行りの曲を学校現場で扱うのももちろん子どもたちの興味や意欲を引きだす一つの方法である。

しかし、「新しい曲との出会い」を学級、学校という場所では大切にしたいと私は考える。学級、学校という場所は子どもたちにとって新しい出会いの場、新しい学びの場であってほしいと思っている。曲もその一つであってほしい。またその曲に歴史や成り立ちがあるのなら、曲との出会いと同時になおさら伝えていきたいと思っている。ここでもう一曲、阪神淡路大震災をきっかけにして生まれた『しあわせ運べるように』という曲を紹介したい。

この曲は、私自身が小学校一年生のときに出会った。兵庫県出身である私は、阪神淡路大震災以降、自分自身の通っていた小学校でこの曲と出会い、小学校で歌った経験がある。歌詞から伝わるメッセージが温かく、また力強い。私は小学生ながらにこの曲との出会いがとても印象深く、忘れられない曲の一つとなっていた。そして教師となった今、『しあわせ運べるように』を収録した本と出会い、作詞作曲者である臼井真先生が、震災にあった神戸の小学校の音楽教諭であったこと、当時避難所となっていた小学校で当時の小学生と一緒にこの曲が披露されたこと、また現在では日本だけではなく世界でも歌われていることなどを知り、ぜひ子どもたちにこの曲を伝えていきたいと思った。

私は、この曲を校内の音楽集会の一月の歌として選曲し、クラスの子どもたち、また音楽集会の場でもこの曲の誕生、そして当時の神戸の学校の状況、またなぜ「神戸オリジナルバージョン」と「ふるさとバージョン」があるのか、などクラスや全校の子どもたちに本をもとにして紹介した。子どもたちはみんな真剣に聞いていた。そして歌うときも、こちらが何も言わなくても一つひとつの言葉や歌詞を大切にして歌う姿が見られた。

「しあわせ運べるように」だけではなく、震災をきっかけとして作られた歌や曲は他にもある。それはやはり音楽には、人々を勇気付けたり、ときには生きる希望を与えたり、人々を励ましたり癒したりする力があるからだ。そのような曲をクラスや校内で歌う際には、曲をただただ一緒に歌うだけではなく、その曲が生まれたきっかけ、また作詞者や作曲者の思いを子どもたちに伝えていくことも、子どもたちと新しい曲との出会いの場において、とても大切なことであると感じる。その時間を大切にすることで、子どもたちの歌声、歌詞への自分なりの思い、歌い方が大きく変わると、私自身が一番強く感じた。また歌詞に込められた思いや願いを、子どもたちも強く感じるからこそ、「みんなで気持ちを一つにして歌う」ということが自然とできるのだと思う。「しあわせ運べるように（神戸オリジナルバージョン）」の歌詞（一番のみ）もこの場で紹介したい(3)。

しあわせ運べるように（神戸オリジナルバージョン）

地震にも　負けない　強い心をもって
亡くなった方々のぶんも　毎日を　大切に　生きてゆこう
傷ついた神戸を　もとの姿にもどそう
支えあう心と　明日への　希望を胸に
響きわたれ　ぼくたちの歌
生まれ変わる　神戸のまちに
届けたい　わたしたちの歌　しあわせ　運べるように

二　音楽科を基盤とした試み②――リコーダーを使って

リコーダーとの出会い

三年生という学年は初めての経験が盛りだくさんな学年である。理科、社会科、毛筆による書写、総合的な学習の時間、外国語と、教科だけ見ても新しい出会いであふれている。また三年生という発達段階では、何事も興味関心が高く、「やってみたい！」という好奇心であふれている。

そんな三年生での音楽科における新しい出会いは何といってもリコーダーだ。子どもたちはリコーダーの学習をとても楽しみにしている。注文していたリコーダーが届くと、嬉しそうに持ち帰る子も多い。リコーダーが届くと、

「先生！　いつになったら音楽の授業でリコーダーが吹けるんですか」

と待ち遠しくてたまらないというように尋ねてくる子どもたちもいる。そんな子どもたちの思いをそのまま音楽科の学習で引き継いでいきたいものだ。

しかし学年があがるにつれて、残念ながらリコーダーに対しての苦手意識から、音楽が嫌いになってしまう子もいる。そんな子どもたちの苦手意識をつくらないよう、三年生では特に意識して、音楽科において子どもたちの意欲と自信を深める授業を進めていきたいと思っている。

リコーダーの持ち方も合言葉で楽しく

リコーダーの持ち方は左手を上、右手を下にして構えるが、これを左右反対で覚えてしまうとなかなか癖が抜

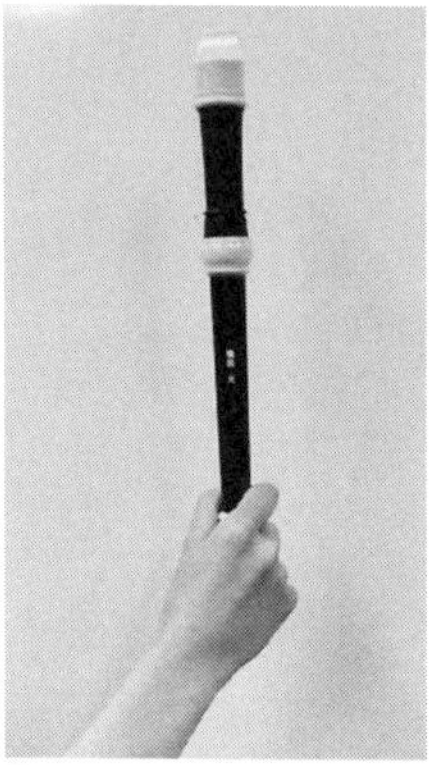
①

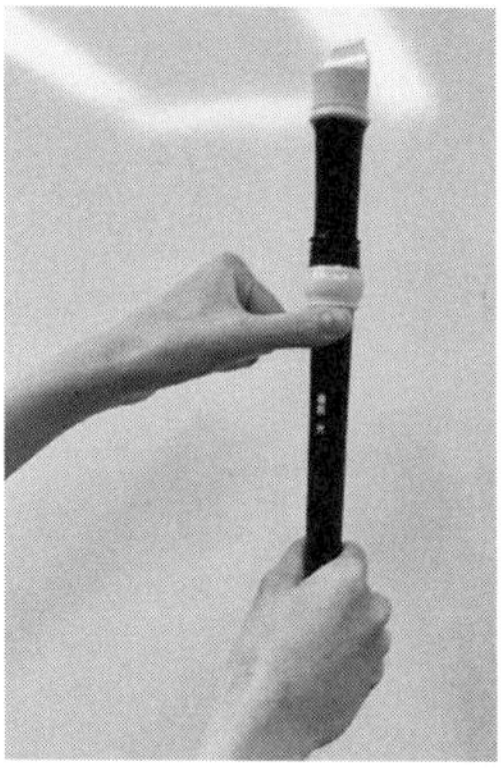
②

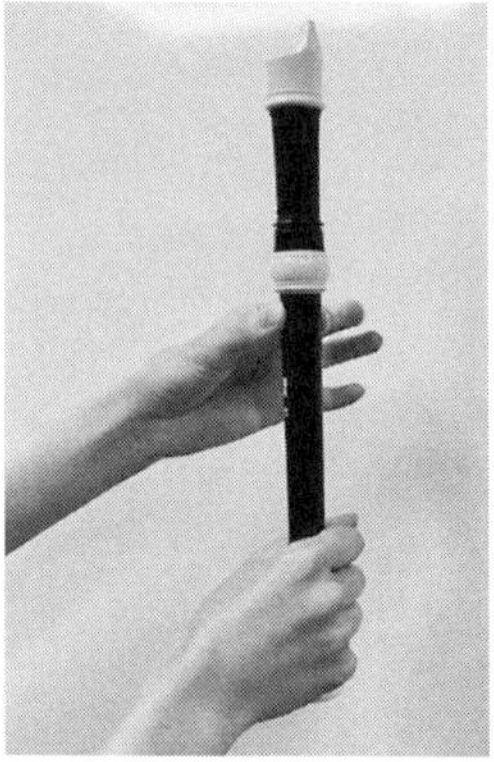
③

図３－１　リコーダーの持ち方

出所：筆者作成。

けない。よって三年生ではまずこれをしっかりと身に付けさせたい。しかし、手が左右あっているか、一人ずつチェックしたりしていては何の面白みもない。どうせなら楽しく、なおかつ正確に身に付けさせたいものだ。

そこで私は、子どもたちに合言葉で楽しく覚えさせるようにしている。その合言葉は「右手で乾杯、左手でグー、はい用意」である。「右手で乾杯」の際には図3-1の①のように、リコーダーの下の部分を持ち、高くかかげる。このときクラス全体を見ただけで、左右が反対になっている子をすぐに見つけることができる。次に「左手でグー」は左手で親指を上げたグーのポーズをつくり、図の②のように親指を穴に当てる。このように「乾杯」と「グー」の動作を合言葉に合わせてすることで、必然的に左右の間違いを防ぐことができる。そして最後の「はい用意」（図の③）で、左手の一指し指を穴に当て、リコーダーでまず基本の指使いとなるシの音の用意をする。これを、

教師　右手でー？

児童　かんぱーい！

教師　左手でー？

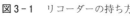

児童　グー！
教師　はい、用意！

というように、子どもたちと掛け合いも楽しみながら行う。こうすることで、基本的な持ち方や構え方を楽しく、かつ正確に覚えさせることができる。

リコーダーでのあいさつ

音楽科の授業で、リコーダーの持ち方やタンギング等、基本的なことを学習した後は、その復習も兼ねて朝の歌の時間も活用して、リコーダーであいさつする時間を持つようにしている。あいさつの種類は図3-2の通りである。

これを、新しい音を一つひとつ学習していくたびに、あいさつを通して練習していく。はじめは担任がどれか一つあいさつを選び、そのあいさつと同じあいさつを返すように指示する（図3-3）。子どもたちが慣れてきたら、担任がやっていた役を子どもたちに任せる。「先生役やってくれる人？」と言うと、みんな喜んで手を挙げる。そして誰か一人を指名し、その人があいさつをリコーダーで演奏する。そのあいさつに対して、同じあいさつをみんなで返し、何度か繰り返すというものである（拍の流れがとぎれないよう、拍にのってあいさつをすることも意識させたい）。

ここで大切にしたいのが、「友達の音（声）をしっかり聴く」ということである。「リコーダーを通して、友達と会話をしているかのように、リコーダーで返事をしてね」と声かけをするだけで、子どもたちは自然と友達の音に耳を傾け、その音に対して一生懸命に答えようとする。そして慣れてきたら二、三人、さらに四、五人のあ

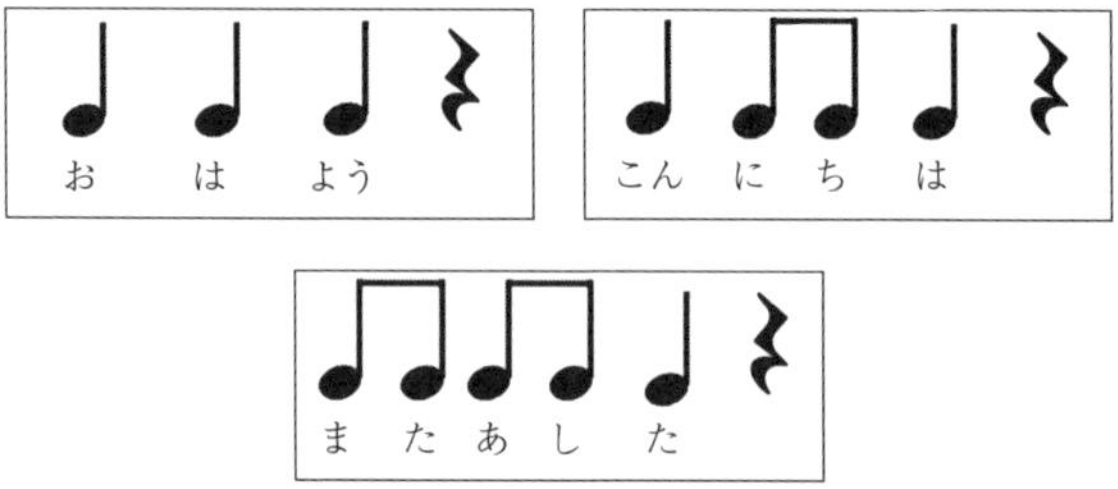

図3－2　リコーダーでのあいさつ

出所：筆者作成。

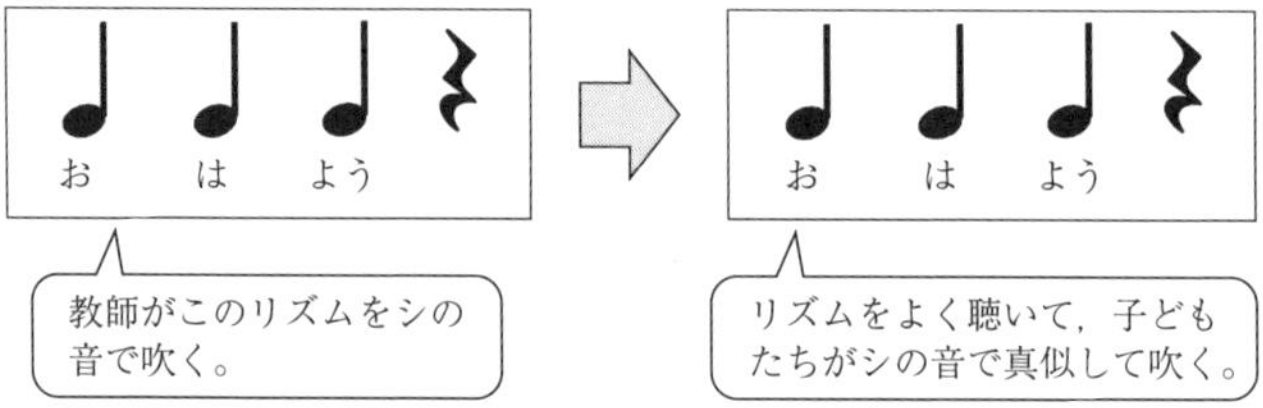

図3－3　あいさつの練習

出所：筆者作成。

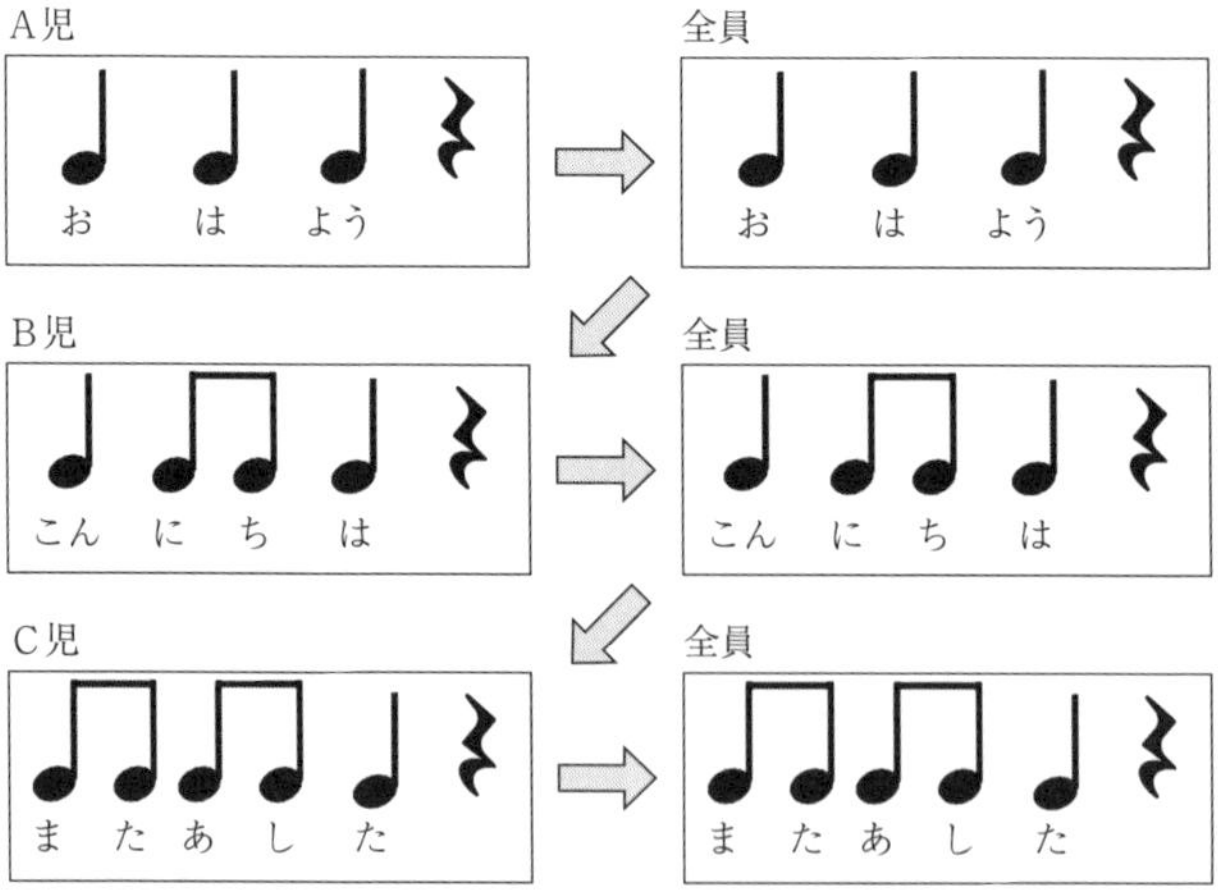

図3－4　あいさつのリレー

出所：筆者作成。

いさつと応答を一気にリレーし、つないでいく（図３－４）。

ここでの聴く活動がこれからのリコーダーの学習につながっていくことはもちろんであるが「聴く」ことから「聞く」ことへと、普段の生活へもつなげていきたい。友達の音をしっかりと聴く活動を通して、友達の声にもしっかりと耳を傾けることができるように声をかけていく。それが学級での相手意識を持たせることにつながっていく。

朝の歌の時間を使って

音楽科の時間数というのは、国語科や算数科などと比べると少なく、週に二回もしくは一回である。音楽科の学習の時間だけで、器楽曲をマスターするというのは現実的にはなかなか難しいことがある。「リコーダーが好き！　楽しい！」という思いは、リコーダーが吹けるからこそ出てくる感情である。吹けない、できないのに楽しいと思える子どもはいないだろう。そのためには短時間でも、継続して取り組むことが大切であると思う。そのために、有効に活用できるのが「朝の歌」の時間である。

リコーダーとの出会いを音楽科の授業で終えると、しばらくの間は「朝の歌」が「朝のリコーダー」に変わる。とはいえ、吹けるのはほんの二、三分である。タンギングの練習から始まり、シの音、ラの音、ソの音……と新しいことを学習するたびに、「朝のリコーダー」の時間を使って復習、反復練習していく。そうすることで、週に二時間という少ない授業の音楽であっても、四五分をたっぷりと使って授業をすることができる。

「朝のリコーダー」では、わずか二、三分しか吹けないため、子どもたちのなかには「えーもう終わり？」「もっとやりたい！」とこぼす子もいる。しかし、音楽の時間に復習や新しい内容などを何もかもつめこみ「ああ、リコーダーって覚えることが多くて大変！」となるよりも、「もっとやりたいのに！」という思いを残すほうが、

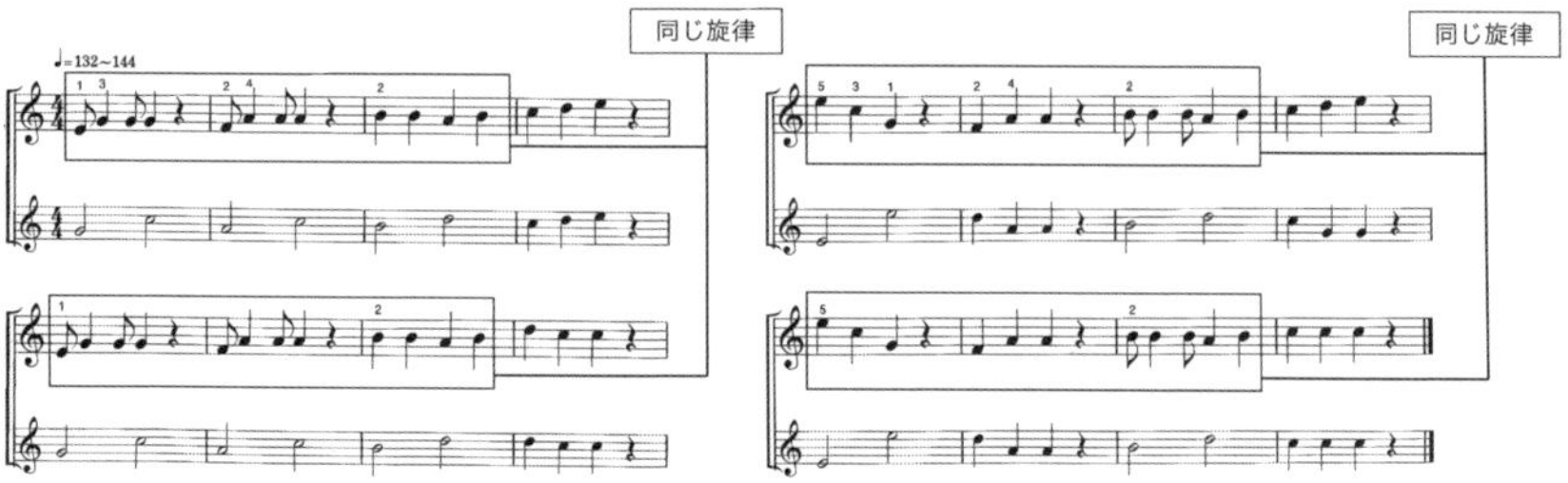

図3－5　同じ旋律の部分を意識する

《茶色の小びん》（ジョセフ・ウィナー作曲）

子どもたちのやる気や意欲を引きだすことができるのではないかと考える。また楽しみを残しておくことで音楽の時間への待ち遠しさと意欲を引き出すこともできる。

朝の歌の時間は、器楽の曲でも有効に使うことができる。リコーダー嫌い、音楽嫌いをつくってしまう一番の原因はやはり、リコーダーがうまく吹けないことである。音楽科の学習の時間に、ある日突然新しい曲に出会い、階名を覚え、リズムを覚え、運指を覚え……そんなたくさんの情報処理を四五分で行うのは困難な子どもも当然いる。

小学校の音楽科における器楽曲というのは、同じ旋律が反復している形式のものが多い。私は、子どもたちが楽譜と初めて出会う際には、同じ旋律を一緒に見つけるようにしている。また同じ旋律に同じ色を付けることで視覚的にもわかりやすくしている。

実際に楽譜で確認していきたい。図3-5の枠で囲っている部分が同じ旋律の部分である。

まずは、色分けした同じ旋律の部分だけを抜き取るようにして、毎朝の二、三分を使って反復練習していく。吹けるようになったころには「やったー！　もうこの曲、半分吹けるようになったー」「他のところも吹けるようになりたい！」と、子どもたちから自然と声があがる。「やってみたい！」という子どもたちの挑戦しようという思いから、「できた！　楽しい！」という達成感、そこから

「もっと吹きたい」という子どもたちの意欲も、毎日のほんの二、三分の時間を繰り返すことによって、より引き出すことができるのではないだろうか。

ただ、クラスのなかの全員が必ずしもすらすらと吹けるようになるとは限らない。手先が不器用な子、個別の支援を要する子もクラスにはいる。もちろん、支援の仕方は個々によってさまざまであるが、そんなとき、先ほど述べた色分けが有効な場合がある。

リコーダーに苦手意識がある子は、いきなり楽譜を出されたらどう思うだろう。まずは、「長いな……」「難しそうだな……」「できるかな……」という不安な気持ちを抱くだろう。色分けし、色が付いている部分が同じとわかれば、その不安も少しは和らげることができるのではないだろうか。また、それでも当然、なかなか思うように演奏できない子もいる。そんな子には「ここの色が付いているところだけ、チャレンジしてみようか！」と伝える。さらに伸ばす音だけにしたり、音の跳躍が激しくないところを選んだりするなど、それぞれにあったゴールを設定してあげることで、やる気も出る。

「できない」「難しい」ではなく、どんな子にも「できた！」「リコーダーって楽しい！」「みんなで吹くって楽しいな！」という思いを感じてほしいと思っている。

全員で音楽を奏でる楽しさ

音楽科の教科書では複数の楽器を用いた器楽曲が登場する。中学年になると、各パートの難易度は増すものの、だからこそ、全員で合奏できたときの達成感や楽しさをよりいっそう感じることができる。

歌唱曲や器楽曲において、私は授業のなかで子どもたちの声や合奏をレコーダーで録音することがある。それは、子どもたちに自分たちの声や音を客観的に聴くことで、新しい気付きをしてほしいからだ。合奏では「〇〇パートの音があまり聞こえないな……」「ここのリズムそろってないな」など、子どもたちはいろいろな気付きをし、それを改善していきたいと意欲を見せる。そのときには「合奏もクラスと一緒だね。いろんな楽器があって、いろんな音色があって一つひとつの楽器にも個性がある。でも、一人ひとりが自分勝手に演奏していては、いい音楽はつくれないね。お互いの音をよく聞いて、みんなで心を一つにするからいい音楽ができるんだね」と伝えるようにしている。

合唱でも同じようなことが言える。「みんな顔も違えば性格も違う。当然、一人ひとり声も違う。でもそんな一人ひとりの違う声が一つになるから、みんなでいい合唱ができるんだね」と。子どもたちには、友達の声や音、そして自分自身の声や音を大切にし、全員で奏でることの楽しさを感じてほしいと思う。

三　不登校児童、登校しにくい児童に対しての支援を通した学級経営

不登校の子、学校に登校しづらい子を担任するにあたって

これまで担任してきた子どもにはいろいろな子どもがいた。学校に来ることが当たり前とは言い切れないこともある。さまざまな理由から、登校できていなかったり、登校するのが困難であったりする子は、どの学校においても少なからずいる。現代社会では、子どもたちが持つ悩み、子どもたちのおかれている状況は本当に複雑である。そのような子に対して、担任としてすべきこと、学校体制で考えていくケース、スクールソーシャルワーカーやスクールカウンセラー、ときには学校外の関係機関と連携して支援を考えていく。ここでは、担任としてできることやすべきことを、自分自身の経験からまとめていきたいと思う。

どんな子であってもクラスの一員である。クラスの仲間としてかけがえのない存在として学級づくりをしてい

くことが必要だと考えている。そのような場合も想定した学級経営について述べたい。

① 担任としてまずすべきこと

担任するクラスのなかに、不登校の子や登校しづらい子がいるとわかったとき、まずすべきことは、その子のことを「知る」ということであると思う。前担任からの情報はもちろんであるが、それまでの担任、関わったことのある教職員、養護教諭、栄養教諭、必要であれば保育所・幼稚園時代の職員、異動した教員、そして管理職など、とにかく可能な限り、まずはその子自身について知ることから私は始める。

登校できない、登校しづらい理由はもちろん子どもによってさまざまである。学校内での何かがきっかけで登校できなくなってしまった子、友達との関係に悩んでいる子、複雑な家庭環境から学校に登校するどころではない子、発達障害などの特性のある子など、理由はさまざまである。だからこそ、対応の仕方、支援の仕方、関係づくりの方法は毎年、一人ひとり手探り状態である。しかし、ゼロからの状態では何も始まらない。まずはその子のことを情報として「知る」ことから、担任としてのアプローチがスタートする。

② 学校という場所のなかでの居場所を伝えること

登校できていなかったり、登校しづらい状況にあったりする子に対して、私が四月当初にまず行うことが「居場所を伝える」ことである。新しい教室の写真、そのなかでのその子の席やロッカーの写真、また靴箱の写真などを撮り、私は第一号のお手紙として載せていた。自分自身の顔写真、可能であれば学年団の顔写真も載せ、自己紹介も書くようにしてきた。このときに伝えたいメッセージとしては、担任としての「はじめまして。よろしくね」という気持ちはもちろんであるが、「あなたの学校の居場所はここだよ」ということである。新学年になる前から休みが続いている子は、学校に行く必要性を感じていなかったり、学校という場所に自分の居場所があると感じていなかったりする子もいる。学校という場所のなかにもきちんと自分の居場所があるということを担任としてまずは一番に伝えたい。

そしてこれは、子どもだけへのメッセージではない。その子の保護者に対しても同じである。担任が変わるというのは、子どもにとっても保護者にとっても最初は不安に思うものだ。登校できていない、登校しづらい状況にある子どもの保護者は、その不安が大きいことも多い。子どもにも、そして保護者にも、クラスの一員としての居場所、学校という場所のなかでの居場所を伝えていくことから、関係を築いていきたい。

③　関係を切らさない

登校していない児童に対してのアプローチの仕方、支援の仕方はさまざまであるが、早々に状況が変わるということはなかなか難しいことである。少しずつ、少しずつ、である。よって焦らないこと、長期目標を立ててアプローチしていくことが大切である。そして学校に登校することがその子自身にとってはまだふさわしい時期でないこともある。しかし、担任として大切にしたいことは、その子自身との関係を切らさないことだ。毎週、ときには毎日の電話連絡の場合もあれば、家庭訪問、ときには放課後登校による学習支援など、どの頻度がよいのか、どの形がよいのかはその子自身、また保護者の希望にもよる。しかし、その子自身が可能な限り、続けることが大切である。

初めて不登校児童を担任することになったときに、先輩教師にいただいた一言を私はずっと大切にしている。「始めることは簡単。続けることは困難。でもその続けることに意味がある」

④　クラスの子どもたちへの伝えかた

登校していない子に対して、クラスの子どもたちはさまざまな疑問をいだいている。率直な疑問としては、「なんで学校にこないの?」という思いであろう。同じクラスの一員として、疑問に思って当然である。そのとき、担任として返答に迷うことはあるが、時期を見て、また保護者の了解を得た上で、その子の状況をクラス全体に伝えることも、担任として大切なことである。

なぜなら、いつその子が登校しても、どんな状況であっても、その子を受け入れるクラスの土台を、担任とクラスの子どもたちとでつくっていく必要があるからだ。話すタイミング、また内容はもちろん一人ひとりによって、またケースによって異なる。しかしクラス全体に一番伝えたいことは毎年同じである。「いつ○○さんがきても、『なんかこのクラスいいな。また学校きてみたいな』と思えるようなクラスに、みんなでしていこうね」と。

⑤　担任はかけ橋

登校していない子の状況をクラス全体に話したときは、その子とクラスの子をつなぐチャンスの瞬間でもある。私はそのときに、その子に今まであげた手紙のこと（コピーを残していれば手紙のコピーも見せながら）、場合によっては電話や家庭訪問での様子、ときには放課後の登校の様子などもクラス全体に話すようにしている（もちろん保護者の了解を得られた場合のみである）。

そのとき、不思議なことにクラスの子どもたちはとても興味を持って聞いている。その子とまだあまり会ったことがない子はもちろん、状況を知っている子がクラスに少ない場合はなおさらだ。話をすると、

「先生だけ○○さんに会っててずるい」

「わたしも○○さんに会ってみたいな」

と、子どもたちがつぶやいていたこともあった。そんなつぶやきが出たらチャンスである。

「じゃあ、先生の代わりにお手紙かいてくれる人いる?」

と次は子どもにつなぐ。担任として、登校できていない子に、できること、すべきことはたくさんある。しかし、クラスの子どもたちだからこそできること、子どもたちにしかできないこと、子どもたちだからこそ持つ力や思いがある。それを引き出し、かけ橋のようにつないでいくことが担任としての役割であると感じる。

登校できた日の喜び

いろいろなアプローチを続けていくことで、その子と担任との関係が深まる場合もある。もちろん必ずしも登校がゴールではないが、その子に「学校にいってみようかな」「学校に行きたい」という思いが芽生えたら、やはり担任としてこれ以上に嬉しいことはない。そんなとき、保護者の了解を得た上でクラス全体に、その子の気持ちを伝えるようにしている。「○○さん、○日の○時間目に学校行ってみたいなって話してたよ」と。すると子どもたちは、本当に嬉しそうな表情を浮かべる。会いたいというわくわく、そしてクラス全員が揃うという喜びを楽しみにしている。

しかし、ここで必ず伝えることがある。「でも絶対ではない」ということだ。「来るかもしれない。でも、来ないかもしれない」というどちらの可能性もあるということを必ず伝える。その日に会えるという子どもたちの楽しみを、万が一登校しなかったことによって、がっかりさせたくないからだ。ここでは、休みが続いていた子がクラスや学校に興味を持ち「行ってみたいという気持ちが芽生えた」という喜びを、クラスの子どもたちと共有することが、まずは大切だ。また担任として「いいよ。いつでも教室においで」とその子に言えるのは、クラスのみんなのおかげであること、そんな安心できるクラスをつくっているのは、クラスのみんな自身であることも全体に伝えるようにしている。

登校できた日。一人ひとりの状況や時期によってもちろん対応は異なるが、可能であれば、わたしはクラスの子を信じて、クラスの子に任せたいと思っている。もちろん、担任として個別に配慮する点、支援すべき点はもちろんある。しかし、わたしはクラスの子どもたちの可能性を信じたい。その子が教室に入ってきたときに、すぐに駆け寄って声をかける子、遠慮して声はかけなくとも、つねにその子を気にして見守っている子、私のほうに合図しながら笑顔を向けてくれる子……それぞれ行動は異なるが「クラスが揃った」ということをクラスのみんなが一つになって喜んでいる。もちろん、この日が実現する年もあれば、実現しない年もある。実現するのが必ずしも正解ではない。しかし、どんな子であっても、どんな状況であってもかけがえのないクラスの一員であることを担任、そしてクラスの子どもたちと一緒に大切にしていきたいと思う。

子どもの可能性を大切にする

学級づくりのなかで大切にしてきたことは、何かを「クラスのみんなで一つになってする」ことである。私自身の学級経営においてそれは「歌う」もしくは「演奏する」という活動である。音楽は一人で演奏するよさ、楽しさもちろんある。しかし子どもたちには、クラスのみんなでやるからこそよさや楽しさが増すということ、一人ではできないこともクラスのみんながいるからこそできるのだ、ということに音楽を通して気付かせたい。そして、そこに意識を向けることで、クラスのみんながかけがえのない仲間であること、自分自身もそんなかけがえのない仲間の一員であるという意識を子どもたちにもたせたいと思っている。

また、そんな仲間意識が芽生えてくる中学年という時期だからこそ、クラスという集団をきちんと見る力を育てていきたい。中学年は自分自身を中心として見てきた低学年とは違い、クラス全体やそのなかでの自分を客観的に見る力も育っていく。よって、登校状況も学習状況も得手不得手も一人ひとりによって違うこと、また一人として同じ人はクラスにいないからこそ、楽しいのだということを何よりも伝えていきたい。

そして、そんな子どもたちの思いや行動をときにはコントロールし、ときには子どもたちの力を信じて見守っていくのが中学年の担任の役割であるように思う。そして、高学年に向けて、クラスの一員としてクラスの友達のために、学校のために、そして人のために行動できる力を育てていきたい。その素地を養っていくのが中学年を担任する上で大切なことであると思う。

第四章　子どものつながる力を育む学級経営の実践

私は子どもたちに、主体的にコミュニケーションを図り、社会や人生をよりよいものにしていこうとする力を身に付けてほしいと考えている。なぜなら、子どもたちがこれから生きていく社会では、グローバル化がさらに加速し、外国語によるコミュニケーション能力は、生涯にわたるさまざまな場面で必要とされる世のなかになると思われるからである。そんななかで、子どもたちは、現在と未来に向けて、自らの人生をどのように拓いていくのだろうか。また、新しい時代を生きる子どもたちに必要な学校教育とは、何なのだろうか。

子どもたちには、互いの思いや考えを伝え合う経験をたくさんして、人と言葉でつながる楽しさや喜びを大いに感じて、価値ある生活を送ってほしい。しかし、子どもたちに思いや考えを伝え合う場を与える以前に大切なことがある。それは、互いのつながりを実感でき、共感的な人間関係が成立している学級経営である。学級の子どもたち同士、また担任と子どもたちとがよい関係を築けていないと、コミュニケーションに欠かせない「相手と思いや考えを伝え合いたい」という気持ちは生まれない。関係性の築けていない学級で伝え合う場だけをつくっても、また言語能力だけを高めても、主体的にコミュニケーションを図る力を育てることはできないし、人と言葉でつながる楽しさや喜びも感じることはできない。たとえ間違えたとしても、恥ずかしい思いをしたり批判されたりしない安心できる学級で、話しやすい雰囲気があれば、子どもたちは積極的に伝え合おうとしていくであろう。

毎日過ごす教室のなかで、自分と周りがつながることによる自己肯定感の高まりが、コミュニケーションへの意欲向上につながる。本章では、

(1)　つながろうとする意欲を高める学習集団づくり
(2)　人と人のつながりを大切にした外国語活動

という二つのポイントから、学級経営の取り組みについて述べていく。

一　つながろうとする意欲を高める学習集団をつくる

自分の思いや考えを進んで伝えられる言葉の力を身に付け、主体的にコミュニケーションを図っていこうとする力を育てるために、教師にとってまず必要なのは、子どもたちが積極的に伝え合おうとする学習集団をつくることである。そこでまず、子どものつながる力を育てる学習集団づくりの工夫を紹介する。

週予定表を多面的に活用する

図4‐1に示したのは、私が担任した「4年ろ組」の週予定表である。この表はB4両面印刷二枚（おもて面は子ども用・保護者用共通）からなっており、新型コロナウイルス感染症による休校期間中も、毎週配布した。

子どもは友達のことをよく知り、「こんな風にすればいいのか」と、自分の学習に生かすことができる。保護

【表面：子ども・保護者向け共通】

担任の思いを書くスペース。毎週，今一番伝えたいことを書いている。この回は，2020年度からの本校の新たな取組「マイタイムデー」（詳しくは後記）への協力依頼である。これから週１回続けていく取組を中身のあるものにするには，家庭の協力が欠かせない。よりよい取組となるよう，家庭で話をする時間をとってほしいという思いを込めて書いた。

Sunny

京都

4年ろ組　担任

マイタイムデーに取り組んでみて

密にならないよう，３グループ分散で行った身体計測でした。[redacted]先生に「みんな静かに距離をとって順番を待っていて，さっと計測できていました。忘れ物もなかったし，ハナマルです！」と褒めていただきました。年に数回行う身体計測の結果などは，実施した月に記録を配布します。今回配布した台紙に続けて貼っていくようにしてください。提出の必要はないので，家での保管をお願いします。

また，今年度から始まった「マイタイムデー」の用紙を綴じていく画用紙ファイルもあります。マイタイムデー（別紙に詳細）は，毎週の取組になります。第１回目は分かりやすいように，４年生全員で週末（19日，20日，21日）に取り組むことにしました。以降は，別紙の説明にあるように，１週間の中で自分が取り組む日を好きに決めてもらっても構いません。ですが金曜日に用紙を受け取り，週末に取り組んで週明けに提出するという方法が，前の週の予定表提出パターンとも一緒で，取り組みやすいように思います。どう取り組むのがいいか，おうちで話し合ってみてください。

４ろ係活動が決定しました！

できた係は７つ！どれも４ろをパワーアップさせてくれそうな係です。※<>は呼び名

① あんしん・あんぜん・あそび係　<3A>
② トリプルQ　<Q>
③ ４ろBOOK団　<BOOK団>
④ ハッピープレゼント係　<ハピプレ>
⑤ かがやく星けいじ係　<スタけい>
⑥ お悩みかいけつ係　<かいけつ係>
⑦ 学習引っぱるー　<引っぱるー>

写真は，ハピプレ係のアイデアをもとに決めた，この１年間に４ろの友達に渡す誕生日プレゼントです。今年度のアイデアは，「今日はお誕生日の人が主役バッチ」をつけてもらうことです。もちろんバッチはハピプレの手作りで，もらって嬉しい一工夫もしています。他の係はどんな活動をしているのでしょう。随時紹介していきます。おうちでもぜひ話題にしてください。

生き方探究パスポートや生活リズム調べにご協力ありがとうございました

お忙しい中，おうちの方にコメントをいただく取組が重なってしまいましたが，子供たちの力になる励ましのコメントをいただき，ありがとうございました。今，教室掲示は生き方探究パスポート「４年生のわたし」，図画工作「絵の具のゆめもよう」，係活動ポスター，習字など盛りだくさんで，学校生活が充実してきた感じがして嬉しいです。もう少し先になりますが，個人懇談の際には見ていただきたいです。

	健康チェック　読書	健康チェック　読書	健康チェック　読書	健康チェック　読書	健康チェック　読書
1	学校行事	外国語活動	国語	社会	国語
	視力検査	Unit2 Let's play cards.	漢字小テスト 17-2	くらしとごみ	漢字小テスト 21-1
2	体育	音楽	国語	国語	理科
	新体力テスト	リズムにのって	アップとルーズで伝える	図書館へいこう	電池のはたらき
3	理科	算数	外国語活動	算数	算数
	電気のはたらき	１けたでわるわり算の筆算	Unit2 Let's play cards.	１けたでわるわり算の筆算　小テスト	復習しよう
4	算数	国語	算数	国語	体育
	１けたでわるわり算の筆算	アップとルーズで伝える	１けたでわるわり算の筆算	アップとルーズで伝える	新体力テスト（体ほぐし）
5	国語	社会	理科	国語	図画工作
	アップとルーズで伝える	くらしとごみ	電池のはたらき	お礼の気持ちを伝えよう	カードで気持ちを伝えよう
6	図画工作	社会	総合		図画工作
	カードで気持ちを伝えよう	くらしとごみ	朱二の校区にある安心の工夫		カードで気持ちを伝えよう
7	放課後レベルアップタイム	総合	総合		外国語活動
		朱二の校区にある安心の工夫	朱二の校区にある安心の工夫		６年生にカードを渡そう This is for you.
持ち物	三角巾（C） エプロン（B） 体育の用意 予定表ファイル（毎日） タオル・水とう（毎日） 読書ノート（毎日）	総合ワークシート	総合ワークシート	借りている本	体育の用意
れんらく	図画工作「カードで気持ちを伝えよう」で使いたいものがおうちにある人は，持ってきてもかまいません。			委員会活動があるので５時間授業です。	図画工作「カードで気持ちを伝えよう」で使いたいものがおうちにある人は，持ってきてもかまいません。
今週の目標					

家庭への連絡や依頼を書いている。この週は，子どもたちが決めたアイデアいっぱいの係活動についての報告とキャリアパスポートへのコメントのお願いを書いた。

１週間の学習予定欄に子どもが「今週の目標」を書く。子どもたちは，この週に自分ががんばりたいことを決め，担任が確認する。そして毎日，その目標について振り返りをする。「５分前行動が今月の生活目標なので，時計をみて動くようにする」など。このように意識するようになったおかげで学校全体がノーチャイムになった。

図４－１　週予定表（B4サイズで子ども用と保護者用の２枚を配布する）

出所：筆者作成。

【裏面：保護者向け】学校生活の様子を知らせる

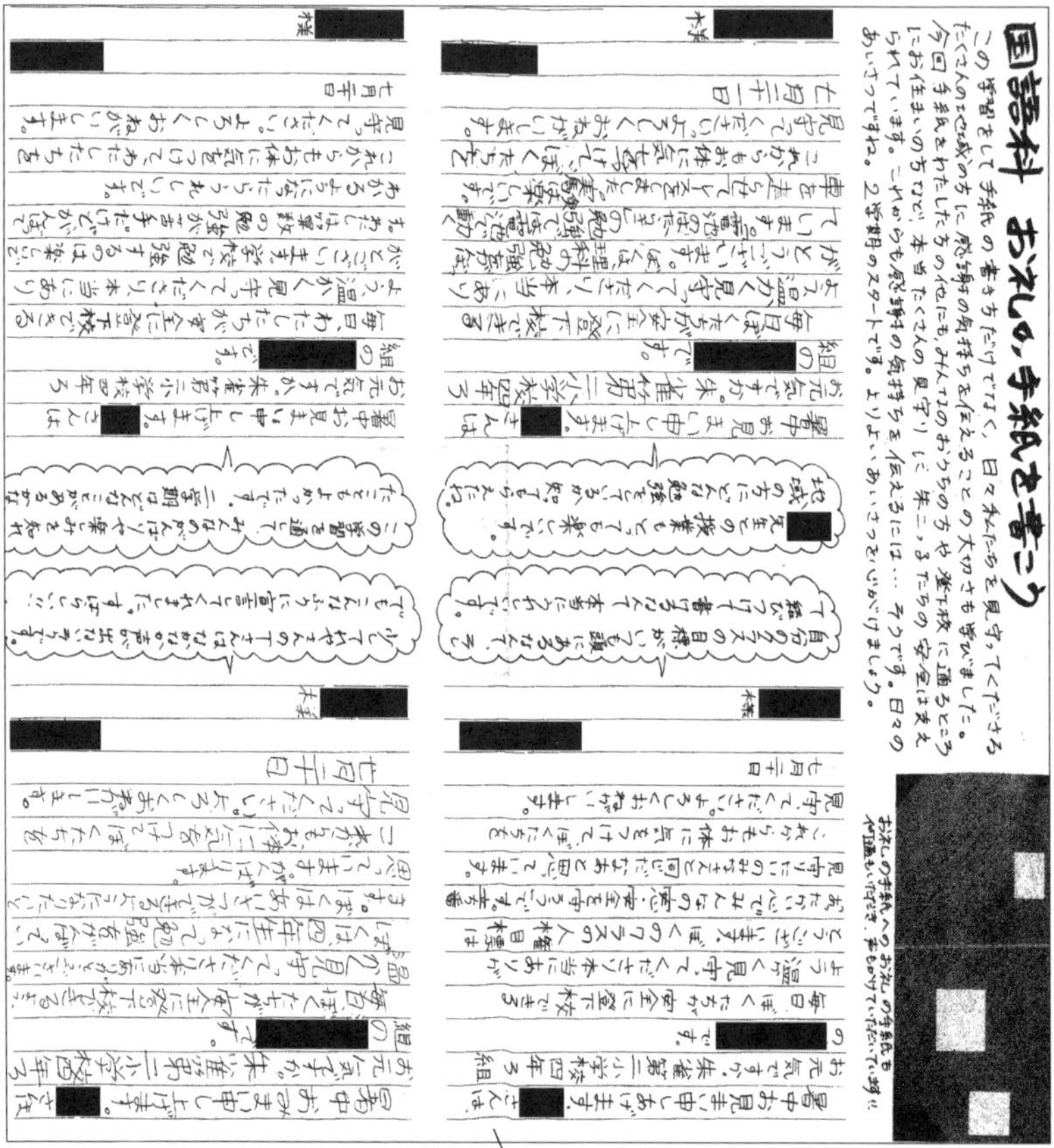

国語科　おれいの手紙を書こう

この学習をして手紙の書き方だけではなく、日々私たちを見守ってくださるたくさんの地域の方に感謝の気持ちを伝えることの大切さも学びました。今回手紙をわたしたちの他にも、みんなのおうちの方や登下校に通るところにお住まいの方など本当たくさんの見守りに朱二、3たちの安全はまもられています。これからも感謝の気持ちを伝えるには…そうです。日々のあいさつですね。2学期のスタートです。よりよいあいさつをこころがけましょう。

（図4-1つづき）

コロナ禍のために子どもたちの登下校を見守る地域ボランティアへの感謝の会も中止となったため，国語の授業「お礼の手紙を書こう」と関連付けて，感謝の気持ちをおたよりに載せることで，授業の内容を保護者には我が子がたくさんの地域の方々に見守られていることを改めて知らせ，地域とのつながりをより一層大切にしてほしいと考えた。手紙を受け取った方からも返事をもらい，双方向に思いを通わせる温かい取組となった。

【裏面：子ども向け】家庭での時間を計画的に使う左側は家庭学習欄，右側はミニ作文欄　（図４－１つづき）

ステップカード

目指せ！パーフェクト！

パーフェクト賞

毎日家庭学習に取り組むことを習慣づけるには，おくれず忘れずていねいに取り組みましょう。

日	家庭で取り組む宿題	音読チェックらん「こんぎつね」	おうちの人のチェックらん	全部できたら色をぬろう！
10/5（月）	音読	声の大きさ		
	漢字ドリル	◎　○　△		
		読むスピード		
		◎　○　△		
	読書・読書ノート	気持ちを込めて		
	（自主学習ノート）自由	◎　○　△		
10/6（火）	音読	声の大きさ		
	漢字ドリル	◎　○　△		
		読むスピード		
		◎　○　△		
	読書・読書ノート	気持ちを込めて		
	（自主学習ノート）自由	◎　○　△		
10/7（水）	音読	声の大きさ		
	漢字ドリル	◎　○　△		
		読むスピード		
		◎　○　△		
	読書・読書ノート	気持ちを込めて		
	（自主学習ノート）自由	◎　○　△		
10/8（木）	音読	声の大きさ		
	漢字ドリル	◎　○　△		
		読むスピード		
		◎　○　△		
		気持ちを込めて		
	（自主学習ノート）自由	◎　○　△		
10/9（金）	音読	声の大きさ		
	漢字ドリル　-1（その1）	◎　○　△		
		読むスピード		
	読書・読書ノート	◎　○　△		
	ミニ作文（右）	気持ちを込めて		
	（自主学習ノート）自由	◎　○　△		

今回のテーマは「全校体育DAYに向けて」です。

練習できるのは，あと１週間となりました。毎年とは違い，団体演技も団体競技もないですが，みんなが一つになって整列も準備運動ダンスも応援もする姿で，「新しい形でも最後まで全力で楽しもう」としていることを見せてほしいと思っています。

おうちで全校体育DAYのことは話題にしていますか。特に，ハードル走は初挑戦の種目なので，緊張していると思います。先生も少し緊張していますが，そのために練習を積んできました。努力を信じて応援を力にして，頑張ってほしいです。

今年度の全校体育DAYは，先にお知らせしている通り，一斉に運動場に出るのではなく，低学年から順に出て進めていく交代制です。おうちの人が来られる場合も，４年生に関わる時間帯やプログラム，走順など，必ず話し合っておいてくださいね。

週末の宿題にして，ねらいに即したテーマについて書くようにしている。この週のテーマは「全校体育DAYについて」で，次週にある全校体育DAY（2020年度，運動会の代案として実施した行事）への気持ちを高めることをねらって，テーマに設定した。

名前（　　　　　　　　　）

おうちの方より

担任より

【ミニ作文の例】

(図4-1つづき)

学校が再開したらやりたいことについて書こう！

もう少し，みんなに会えない日々が続くことになりました。「まだ学校は始まらないの？」と，心待ちにしている声も聞いています。まだ，再開する日は決定してはいませんが，みんなのStay home.の努力で，その日が近づいてきていると思います。そこで，「再開したら，こんなことをしたい！」というみんなの思いを書いてください。学校でみんなといっしょにしたいことは何かな？先生は，数人といっしょにやったワンバンドOKバレーボールラリーをみんなでやって，記録に挑戦したいです。

ぼくは、早く学校のじゅ業を受けたいです。そして、早く外でみんなあそびをしたいです。ふつうに学校に行けて、ふつうにじゅ業を受けられた時は、学校て休みだったら連休みの方がいいですが、今は早く学校のじゅ業を受けたいと思っています。人間は失って初めて、その物の大切さを知るんだなと思いました。

名前（　　　　　　）

おうちの方より
今回の休校で、子どもには共に学び合う環境が必要不可欠だと親としても痛感しています。
学校に行きたい、そのモチベーションが学校再開時にいいエネルギーになるといいなと思います。

担任より
そうですね!! あたり前に身近にあるときには気がつかないことに気づけたことを、これからも大切にしないといけないと思います。
再開しても2週間のウォームアップ週間ですが、そこで[redacted]さんのようにエネルギーをためておもいきりみんなでがんばりたいです☺

テーマ例

「先生への手紙」

学級開きをしてすぐに休校になったが，ここから子どもたち一人ひとりとのつながりを大切にしたいと思い，第1週のテーマにした。

「学校が再開したらやりたいこと」

学校に行けなくても，新年度の学校生活に期待を膨らませてほしいと願い，テーマに設定した。学校再開の後にこのミニ作文で，ある子が書いてきたお楽しみ会「4ろ始まった会」を実現させたことは，子どもたちの心に残った。

「初めてのマイタイムデー」「あじさい読書週間」「朱二っ子生活目標」

テーマに設定すれば，そこへの我が子の思いを保護者も知ることになり，家庭を巻き込んだ取組となる。学校の取組を家庭にも知ってもらうことで，そこからの学びを深め，実生活につなげることができる。

「フレンドリーオリエンテーリング2020」「6年生へ」

普段直接関わることがない6年生の，リーダーとして頑張る姿を当たり前と思わず，背中を見て学んでほしいと思う。6年生への思いを書くことで，4年生も高学年としての自覚をもち始めた。保護者は作文を読むことを通して，学校の様子やたてわりの良さを知ることができた。後日談であるが，6年担任が学級で4年生のミニ作文を紹介すると，6年生はとても喜んだという。これからも多くの行事でリーダーとして学校を引っ張っていく6年生の励みになったと聞き，改めて言葉のもつ力の大きさに驚いている。

者は家で子どもと学校の話をするきっかけとなり、我が子をほめる機会が増える。このような関わりで、自己有用感も高まると考えている。このおたよりを介した親子の時間が毎週の楽しみになってほしいと願っている。

週予定表を多面的に活用することで、いくつもの効果がある。特にミニ作文欄[1]は、休校期間中、学校生活はストップしても関わりはストップさせないように、子どもと保護者と担任をつなぎ、大いに役立ったと感じている。そして、学校再開後もこのつながりが目に見えてわかることで、子どもは安心し、よりいっそう頑張ろうとしている。学級経営は、担任だけの努力で成り立つものではない。子どもとそれを支える家庭の協力があってこそ、よりよいものになる。この週予定表のスタイルは、私の学級経営に欠かせないものだと実感している。

子どもの、子どもによる、子どものための会

このように、学級だよりの役割をもたせた週予定表を活用し、休校中からつながりを大切にしていたことで、子どもが考える「学校が再開したらみんなとやってみたいこと」を事前に把握することができた。ある子はミニ作文に、「学級みんなで始まった会を開きたい」と書いた。保護者も、「新しい生活スタイルに気をつけて、友達と楽しむ時間を取るのはいいアイディアだね」とコメントし、この会への思いが実現に向かうよう、後押ししてくれていた。そして実際に、その子の発案である「４ろ始まった会」をやろうという思いが広がり、すぐに学級全体で共有された。

学校再開後、早々に係活動を立ち上げ、会の企画を進めていった。自主性がうんと生かされた、子どもの、子どもによる、子どものための会である。もちろん担任は、内容を把握し相談に乗るなど細かく関わっていくが、ここで大切にしたいのは、自分たちの力でできたという思いを持たせることである。担任は、決して先頭に立たないが、子どもが困ったらいつでも頼れる存在でいる。こうして、学級開きをして間もなく行った「４ろ始まっ

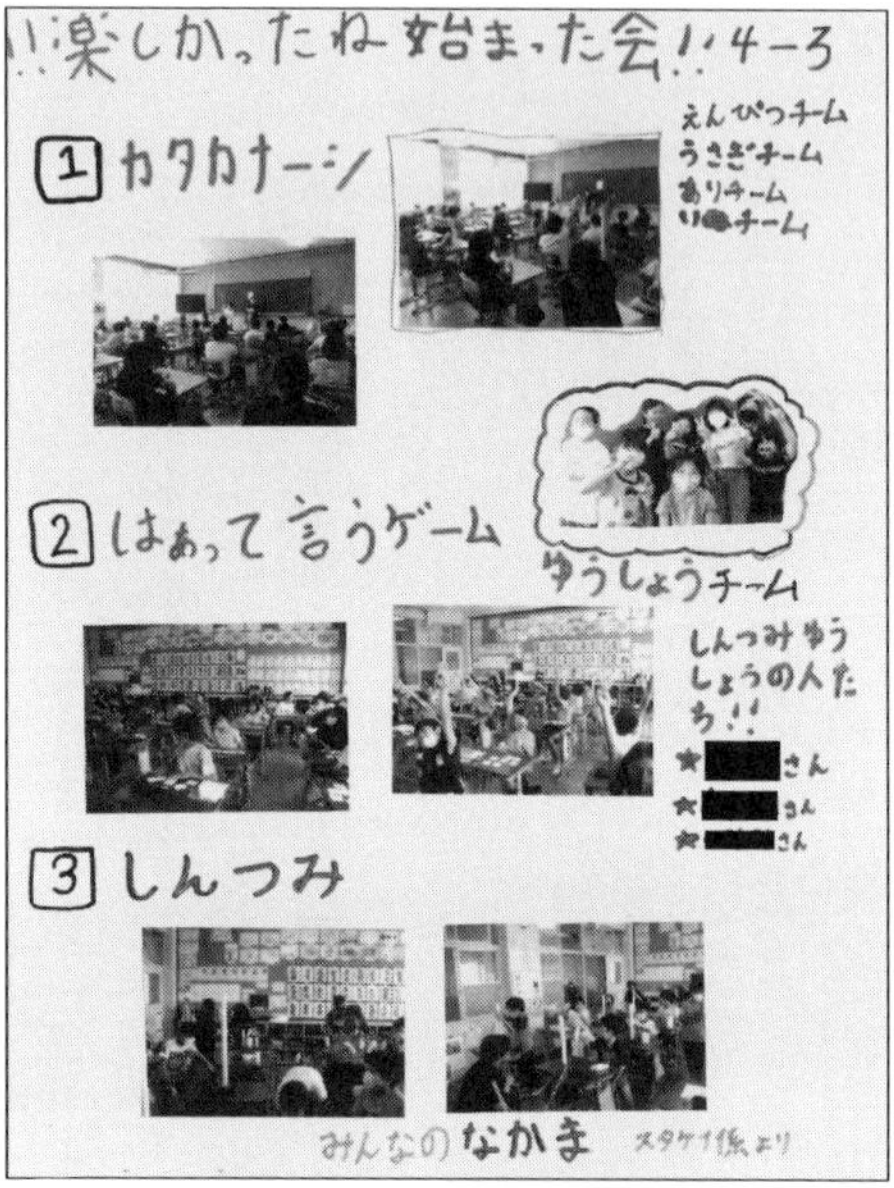

図４−２　「４ろ始まった会」

た会」（図４−２）は、みんなの心に残る楽しい会になった。

このように、まだ新しい環境に慣れないなかで主体的に一歩前進するのは、簡単なことではない。初めて同じ学級になった子もいる。あまり話したことのない子もいる。転校生もいる。クラス替えで仲良しの子と離れてしまった子もいる。学校生活は楽しみではあるが不安もあったと思う。しかし、子どもたちが自分たちの力を信じ、同じ方向に向かって手をつなぎ、力を合わせて進むことができれば、不安より楽しみを大きくすることができる。子どもたちの企画によるこの会は大成功し、進級したばかりの子どもたちの大きな自信となった。

子どもたちが残す学級のあしあと

自分たちの力でよいスタートを切った子どもたち。日々の頑張りを見える形で残そうと、各月の様子を写真と文にまとめて掲示することにした。いつでもこれまでの頑張りを振り返り、自分と仲間とのつながりを感じながら学級での時間を過ごすことができると思ったからである。

ここまで何度か文中にも登場しているが、二〇二〇年度は「あ」から始まる言葉を学級経営に絡めている。なぜなら、学級開きの際に子どもたちから集めた「こんな四年生になりたい」ということの多くが、「あ」から始

図４－４　あしあとを見て話している様子

図４－３　全員でつくった学級の人権目標

図４－５　９月のあしあと

まっていたからだ。

まずは、そのなかから学級目標を決めた。「あきらめない　前進クラス」だ。本校では、学級の人権目標も決めて取り組むことになっている。人権目標は「あったかい心で　みんなのあんしん・あんぜんを守ろう」に決めた（図4－3）。ここまできて「あで始まる言葉がいっぱいある」と、子どもたちが気付いた。こうなれば、今年度はとことんそれでつないでみようと思った。「今年度は何でもあから始めることにする！」と、私は学級で子どもたちに伝えた。そして、みんなのお手本となるようなノート等の掲示コーナーは「あっと驚く花丸コーナー」で、帰りの会に行っているよいところ見付けの掲示コーナーは「あっと驚くキラピカコーナー」となった。そして、学級の毎月の様子を写真に言葉を添えて掲示するコーナーにも「4ろのあしあと」と名前を付けた（図4－4）。

毎月の「あしあと」には見出しを付けることになった。これは、国語の学習から波及したアイディアだった。すると、そのことに対してみんなの考えは一つにまとまっていた。「これもあから始めよう」。そして、学級に「あから始まる4ろストーリー」の箱を設置した。毎月の様子を振り返り、写真にコメントを入れて、学級の様子を掲示していく。その月にぴったりの「あ」から始まる見出しを付けている。まず、四～六月の「あしあと」をまとめた一枚目の見出しは「あたり前に感謝しよう」だ。そこからは、毎月の終わりにその月の見出しのアイディアを箱に入れる。そして、その月の学級の様子にふさわしいものを子どもたちが話し合って一つ選ぶ。七月は「あつい夏　みんなで授業がんばった」、九月は「あきは、ものしずか……でも4ろはにぎやか！」だった（図4－5）。

「あ」が子どもたち同士をつなぎ、子どもたちの意欲を高めている。そして最後には、みんなにありがとうと心から思えるような年になるよう、毎日を過ごしてほしい。三月の見出しはもうほぼ決まっている。「ありがとう　4年ろ組」だ。

二　人と人のつながりを大切にする、外国語活動を軸とした学級経営

1　"Let's play cards."　好きな遊びを伝えよう

ここからは文部科学省の提供する教材"Let's Try 2"に収録されている単元（Unit）を活用した、外国語活動を軸とした学級経営について紹介していく。"Let's play cards."(2)は、世界にはさまざまな遊びがあることを知り、相手を自分の好きな遊びに誘う単元である。コロナ感染防止対策のため、学校生活のスタイルが変わってしまった子どもたちに対して、「遊び」を題材に実際のことを話すのは難しいと感じた。しかし、このようななかだからこそ、楽しみもつながりも工夫次第で得られると気付くきっかけにしたいと考えた。そこで、お互いのことをもっと知り、さらに興味や関心を広げられるような単元構成を考えた。

単元の目標：みんなで楽しめる遊びを決めるために、遊びの好みについて尋ねたり答えたり、互いの好みに応じた遊びに誘ったりするようにする。

コロナ感染防止対策をしつつ、学級の子どもたちがやってみたいと思える世界の遊びを知ること、また、その遊びを工夫して学級みんなで体験することが、この単元のゴールに向かう意欲となった。身近な話題として世界と日本の遊びを題材にし、実際にその遊びをしようと特別活動と関連付けたのである。

また、学級の「みんな遊び」でさまざまな遊びを経験するだけでなく、たてわりグループ（フレンドリーグルー

T：It's sunny. Let's play tag! Do you know tag?
Ss：No.
T：Look! Touch!（子どもにタッチする振りをする）and escape!（その場から逃げる振りをする）
S1：鬼ごっこだ！
T：That's right! ~san, do you like tag?（走ることが大好きな子に尋ねる）
S2：Yes, I do.
T：How about you?（サッカーが好きな子に尋ねる）
S3：Yes. でもサッカーの方が好きです。
T：Ah, you like soccer. Nice!（みんなに尋ねる）Do you like dodgeball?
Ss：Yes, I do!
T：（Yes の子に尋ねる）Why?
Ss：ボールを受けるのが楽しいから。キャッチボール…Good！かな。
T：You can catch a ball well. Wonderful!
Ss：No, I don't.
T：Oh, you don't like dodgeball.（No の子に尋ねる）Why?
Ss：怖い。
T：Me, too. It's scary. But, catching is fun. 今日のみんな遊びってなんだっけ？
Ss：Dodgeball!
T：Yes! 得意な人も苦手な人も Let's play dodgeball. OK?
Ss：OK!
T：So, you say "Yes, let's!".
Ss：Yes, let's!
T：One more time. Let's play dodgeball!
Ss：Yes, let's!
T：Great!

図 4－6 実際の Small Talk より

出所：筆者作成。

プ）のリーダーである六年生に自分の好きな遊びを伝えて、誘うことにした。このようなゴールを設定することで、四年生の思いや考えをたてわり遊び（フレンドリー遊び）に使ってもらえるかもしれないという期待も高まるようにした。

第一時　天気や遊びの言い方を知る

まずは、これまでに子どもたちが経験してきた遊びについて、担任がその感想等を交えて伝え、やり取りをしながら表現をインプットした。ここでは、子どもたちが経験してきた遊びや好きな遊びについて、子どもたちがわかる英語を使ってやり取りすることが大切である。そのために、ここでのやり取りの台本は、図4－6のようにあらかじめ子どもの反応など、展開を予想してノートに書いていた。

このような台本をつくるには、担任が子どもたちのことをどれだけ理解しているかが鍵となる。つまり、ここでも学級経営が土台となる。

第二時　動作を表す語句や遊びに誘う表現を知る

"Let's Play"では、「船長さんが言いました」とよく似た遊び"Simon says"をみんなでやってみようと呼びかけた（図4－7）。実際にゲームをやりながらLet's play the game. / Jump. / Stop. / Touch your shirt. 等の表現を知るようにし、"Let's Listen 2"で積極的に意味を推測しながら聞こうとする姿につなげた。

多くの子どもたちがこの活動に積極的で、さらに意欲が高まったのか、次の日すぐ、休み時間の学級のみんな遊びに、係の子どもたちが"Simon says"を取り入れていた。結果的に、子どもたちだけではそう簡単にはうまくできなかったが、なんとか楽しもうと子ども同士でフォローしあう姿が見られた。

第三時　好きな遊びについて尋ねたり答えたりする

友達と好きな遊びについて伝え合ったことが、実際の遊びにつながっていく様子が見られた。Look! It's sunny day. Let's go outside! Dodgeball, soccer, tag..., What do you like? と話すと、子どもたちは休み時間にしたい遊びを思い浮かべ、「やっぱりtagがいい！ I like tag.」などと答えていた。そして、授業後には自然と「外遊びに行こう！」と誘い合っていた。

「先生、なんて言うんだったっけ。Let's go...?」

「Let's go outside! ね」

「そう、Let's go outside!」

外国語活動を通して、子どもたち同士のコミュニケーションが広がっていると感じた。

図4－7　みんなでSimon saysをする様子

第四時　相手に配慮しながら、友達を好きな遊びに誘う

休み時間に行うみんな遊びでも、コロナ感染防止対策の観点から行わなくなったりルールを変えたりしていた。そんななかでのやり取りは、やりたい遊びについて尋ねるだけでなく、相手の話に耳を傾け、Nice! や Sounds good! などと反応したり、Dodgeball? OK. と繰り返したりするなど、相手意識を持つことを大切にした。相手意識を相手の気持ちになると捉えた子どもは、活動の中間で「Do you like soccer? と聞かれたけど苦手だから、No, I don't. と言おうとしました。だけど、せっかく誘ってくれたから No, sorry. と言いました」と発表し、相手の気持ちを大切にするやり取りは、学級全体に広がった。

その後、この活動をさらに「フレンドリー遊び」へとつなげてもらおうと、グループのリーダーである六年生に遊びの提案をすることで、学校をよりよくしていく一員であるという自覚と意欲をより高めることをねらった。このように、相手を身近な友達から普段関わりの少ない異学年の友達に広げることは、適度な緊張感があるので、「カードを渡しに行く準備はできた？　一回やってみよう」と、自然に学級の友達と六年生とのやり取りを確認する姿が見られた。ゴールの活動を工夫することで、目標に向かって学び合い、高め合う姿につなげることができた。

カリキュラム・マネジメントで、子どものつながる力を育む工夫

学校生活が再開して、ようやくたてわり活動を始めようとしている頃であったことから、制限があるなかでも中身は充実させようと、本単元に合わせて図画工作で六年生へのカードづくりに取り組むことにした（図4-8）。「新しい生活スタイルになっても、学年を超えて仲のいい学校であってほしい」「頑張る六年生リーダーを応援したい」と思える学習集団であることに加え、カリキュラム・マネジメントにより、六年生への気持ちを高めるこ

リーダーの将来の夢（DJ）をイメージしてカードを作ろう！

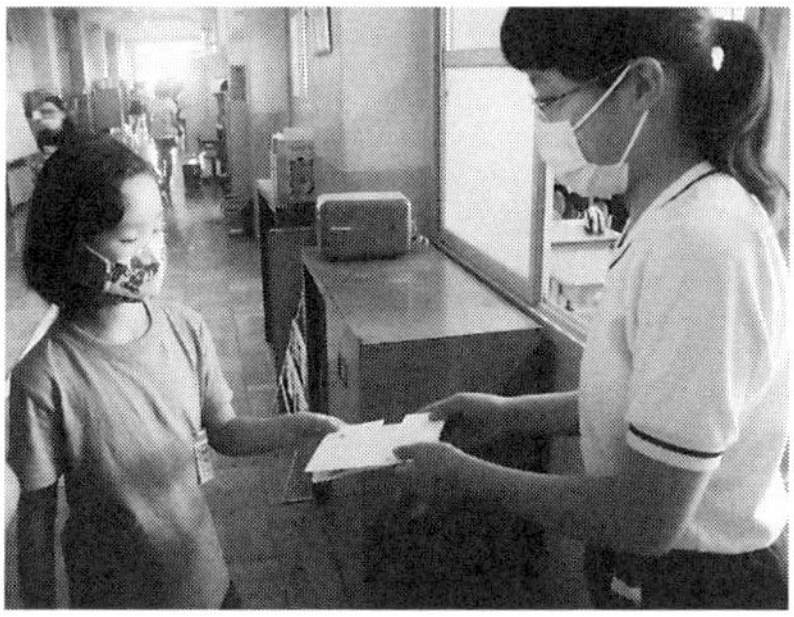

Let's play! This is for you.—— Yes, let's ! Thank you.

図4－8　6年生へのカードづくり

とができていた。心を込めてつくったカードを渡す日のことを思い浮かべて、「喜んでもらえるかな」「ちゃんと渡せるかな」と話をする子どもたちの顔は、とても優しかった。誰かのために行動することを喜べる自分や仲間のいる学級では、みんなが安心して過ごせる。こうやって日々の授業の中にも、子どもたちのつながる力を育む工夫を取り入れていくことで、よりよい学習集団になっていくと考えている。

この単元を学習している期間、担任は普段の何気ない話のなかでも、「今日の給食放送はとても上手だったね」「六年生は全校体育ＤＡＹに向けて、係活動を進めてくれているんだよ」などと、その頑張りを話題にしてきた。すると、子どもたちも「六年生はすごいなあ」「私たちの知らないところでいつも頑張ってくれているんだ」と、六年生とやり取りをするゴールの活動に思いを込めていくのがわかった。

六年生に思いを伝えるという共通の目的を持ち、子どもたちは身近な友達と自然に協力し、教え合うようになっていった。このようなコミュニケーション活動から、学級での人間関係や学級経営の成果や課題がはっきり見えてくる。見えてきた課題を解決すべく、担任はより自尊感情が高まるような活動ができるようにする。このようにして、外国語活動をとおし、同級生や上級生とのたてよこのつながりを強くしていくことができた。

図４－９　６年生からのお返しのカード

この単元を終えて三か月後、たてわりグループで校内のゲームコーナーを回る「フレンドリーオリエンテーリング」の日がやってきた。グループで力を合わせて楽しい時間を過ごすなか、子どもは「カードをもらってくれた六年生リーダーみたいになりたい」などと、最高学年への憧れも感じていたようだった。普段は、異学年との関わりが少ないため、六年生を身近に感じることは少ない。しかし、顔合わせをしてすぐに、子どもたちが六年生リーダーとつながったことで、フレンドリーグループでの所属感を持つことができたのではないかと思う。そして、六年生からのお返しとして、図画工作でつくったカードをもらった。そのカードは、四年生一人ひとりの名前がデザインされた、オリジナリティー溢れるものであった。カードを手にした子どもたちの間に、また笑顔が広がった（図４－９）。

２　“What time is it?”　お気に入りのマイタイムデーの過ごし方

“What time is it?”[3] は、時刻や生活時間の言い方を知り、自分の好きな時間を伝え合う単元である。大人の生活の影響を受けて、また学年が上がるにつれて生活スタイルも一様ではなくなっている子どもたちの「一日の過ごし方」を題材にし、お互いのことをもっと知り、さらにお互いへの興味や関心を広げられるようにしようと考えた。

本校では、今年度からの新しい取組として「マイタイムデー」（メディアから離れて、家族との時間を充実させたり自分磨きの時間にしたりする週一回の取組）がある。そこで、外国語活動の授業を通して、このマイタイムデーの過ごし方を見直し、よりよい過ごし方にするヒントを得られるよう、「お気に入りのマイタイムデーの過ごし方」について伝え合うことを単元のゴールとすることにした。

単元の目標：世界の国々への理解を深めるために、時刻や日課について聞き取るようにする。また、互いのことを知るために、相手に伝わるように工夫しながら、好きな時間について、尋ねたり答えたり、その理由を言ったり聞いたりするようにする。

第一時　時刻や日課の言い方を知る

子どもたちは「Unit 2」で"What time is it, Mr. FOX?"という世界の遊びを経験するなかで、What time? の表現に触れた。そこでデジタル教材を視聴する際に、その表現が使われていると気付けるよう Do you remember? と子どもたちに問いかけて、What time? の表現を引き出してから活動を進めた。このように子どもから発話を引き出すやり取りを繰り返し、徐々に対話のパターンに気付いていけるようにした。また、いくつか日課の表現についての動画を視聴した後は、次はどう日課を表現するかを予想した。例えば、おやつを食べているイラストを見て「これ"Sweets Time"じゃない?」「"Tea Time"だと思う。」と口々に言っていた。このとき、「おやつの時間は"Snack Time"だよ」と担任がすぐ教えるのではなく、まず子どもに考えさせることで、授業後の振り返りにも「なんて言うか考えるのって面白い！」という記述が見られた。新しく表現を知ることだけでなく、すでに知っている英語を使って自分の考えを表現する楽しさも感じていた。このような経験の積み重ねが、高学年になって自分の力で既習表現を引き出すことにつながると考えている。
　この後、担任が子どもたちとやり取りしながら、自分の「マイタイムデーの過ごし方」について感想とともに伝えた。導入では、単元のゴールの活動について理解することと、そこに向かう意欲を持つことが大切である。マイタイムデーの記録用紙は、保護者のサインやコメントをもらう形式で、週一回、家庭を巻き込んで取り組む。さらに、この外国語活動の授業前に、先述のミニ作文でマイタイムデーについて書いていると、ゴールの活動までのイメージがもちやすくなると考え、計画的に進めた。

第二時　時刻や日課の言い方に慣れ親しむ

　この時間の担任と子どもたちとのやり取りは、単元のゴールの活動モデルとなることから、単に聞く活動で終わらせず、Do you like "～time"? などと子どもたちに問いかけながらやり取りをした。
　この土台となるのが、学級経営である。子どもたちの興味関心を高めるような活動にするためには、それぞれの生活について理解しておく必要がある。また、子どもたちが「自分のことを伝えたい」と思うには、学級の友達同士が「相手のことを知りたい」と思える仲であること、教室が安心してお互いの思いを伝え合うことができる場であることが求められる。よい聞き手がいることで、よい話し手は育つ。

第三時　お気に入りの過ごし方について、尋ねたり答えたりする

　ここでの活動は、よりよい生活について考える学級活動の時間と関連させた。他のことと関連させる場合、双方の教科のねらいをふまえて組み立てていく必要がある。今回も、外国語活動での伝え合いが、その先の実生活の改善につながるように、マイタイムデーと結びつけた。

T：I will talk about my special day. No TV, no game....
S1：マイタイムデーだ！
T：Yes! About マイタイムデー. Look!（お風呂に入っている絵を見せる）It's 7 p.m.
Ss："Bath time" じゃない？
T：That's right. It's "Bath time". Do you like "Bath time"? I like "Bath time". Do you know 城崎温泉？I put in 城崎温泉's bath salts.
S1：ぼくの家も温泉のもと入れる！
T：Oh! You, too? Sounds good! マイタイムデー, I have long "Bath time". It's relax. Next, It's 8 p.m.（洗濯をしている写真を見せる）
S2：洗濯タイムじゃない？
T：Please ask me "What time is it"?
Ss：What time is it?
T：It's "Washing machine time". I don't like cooking. I don't like cleaning. But I like washing.
Ss：うちはお父さんが料理してるよ。
T：Really? Sounds good! Maybe, your father likes "Cooking time". How about you? マイタイムデーに家の仕事をしている人も多かったと思うけど。
S3：マイタイムデーにお風呂洗い…… "Bath washing time" をしました。
T：It's "Bath washing time". Very good!（子どもたちとベッドに入っている絵を見せる）It's 10 p.m.
Ss："Bed time"? What time is it?
T：It's "Bed time". I usually go to bed at 1 a.m. マイタイムデー, 10 p.m. Very early. What time is your "Bed time"?
S4：10 p.m.
T：It's 10 p.m. How about you?（遅く寝ている子に尋ねる）
S5：It's 11 p.m.
T：Too late! マイタイムデーの時はどう？
S6：It's 9 p.m.
S7：すごい！ 私は It's 10 p.m.

図 4-10　実際の Small Talk より

出所：筆者作成。

第四時の前の短時間学習では、マイタイムデーの過ごし方のなかからお気に入りの過ごし方について話す準備した。即興では既習表現を使うことがまだ難しい四年生は、事前にマイタイムデーファイルを見返したり、ミニ作文を読み返したりしながら自分が伝えたいことを整理しておくことで、単元のゴールで使う英語を自分で選べるようにしたいと考えた。このようにして、どの子どもも自信を持ってゴールに向かうようになっていった。

第四時　工夫して、お気に入りの過ごし方について伝え合う

ゴールの伝え合い活動で、お互いのことを知るという目的があったので、子どもたちは男女関係なく誰とでも話そうとしていた。自分から相手になかなか話しかけられない子には、周りの子がその子のところに行って声かけをするなど、フォローしていた。伝え合いは、前半と後半の二回行った。「早く伝えたい！」と楽しみにしていた子が多く、積極的に話していたが、前半では自分が言いたいことをとにかく伝えるという感じであった。しかし、後半になると、It's "Book time." I like『ねずみ』. と詳しく話したり、It's "Soccer time." Let's play soccer. と誘ったりなど、より相手に思いを伝える工夫が見られた。また、相手の話を聞いて "Snack time" is good. I like ice cream, too. と話をつなぐような聞き方をしている子もいて驚いた。お互いのマイタイムデーの過ごし方に興味を持ち、自分の過ごし方にも取り入れようと活動しているからこそ、一回目よりも二回目のやり取りが充実し、これまで以上に手応えを感じることができたと思う。

子どものつながる力を育む、振り返りの工夫

第四時では、それぞれが伝えたい「お気に入りのマイタイムデーの過ごし方」について、一生懸命に話す姿が見られた。単元最後の振り返りのなかには、「私と同じ時間帯に全然違うことをしている人がいるとわかった」「マイタイムデーに運動ばかりしていたけど、"Book Time" もしてみようと思った」など、今まで知らなかった友達の新しい面に気付き、伝え合いから自分のマイタイムデーの過ごし方に生かそうとしていた（図4-11）。

この単元の学習はマイタイムデーと関連付けたが、このように、学校には教師や子どもたちが一体となり、全体で同じ方向を向かって取り組むべきことがいくつもある。学校教育目標や目指す子ども像にどう近付けていくか、毎月の生活目標をどう意識させるか、挨拶運動やマイタイムデーのような学校全体の取り組みのねらいをどう実現させるかなどは、学級経営が大きく影響する。今回取り上げたマイタイムデーの取り組みも、形だけのものになってはいけない。ねらいをもって行っている取り組みを意味のあるものにするかどうかは、担任の働きかけ次第である。子どもたちが変われば、子どもたちを取り巻く大人も変わる。そうして社会や人生をよりよくすることができるとしたら……教師も自ずと力が入る。こうして子どもたちの学習はリアルな体験となり、今後の

成長の糧になっていくであろう。

　これまで紹介したいずれの外国語活動も、子どもたちはとても楽しんで学習していた。その楽しさとは、人と自分の思いや考えを伝え合う楽しさであると考えている。英語を使うことは、それ自体を目的としているのではなく、相手とつながるコミュニケーションの手段であり、それを下支えしているのは、教師の深い子ども理解や、そこに基づく学級経営である。

　直山木綿子は、「私たちは言葉で考え、言葉で考えを深め、そして、言葉でやり取りをして相手との関係を密にしていきます(4)」とし、授業の振り返りの時間で、英語が言葉として機能しているかどうかがわかると述べている。私は毎時間の終わりがそうなるように意識してきた。「このような振り返りが発表される学級では、これまでも学級担任の教師などが、英語で簡単な語句や基本的な表現を使って教師自身の考えなどを子供に伝え、子供に問いかけ、子どもの考えや気持ちを受け取り、それに対してまた教師も言葉を返すという、意味のあるやり取りが頻繁になされていたのだと分かります(5)」。このことは、決して外国語活動だけでなく、私たちを取り巻く全てにおいて言えることだ。「意味のあるやり取りで人は育つ。子どものつながる力も育まれる」、私はそう信じている。

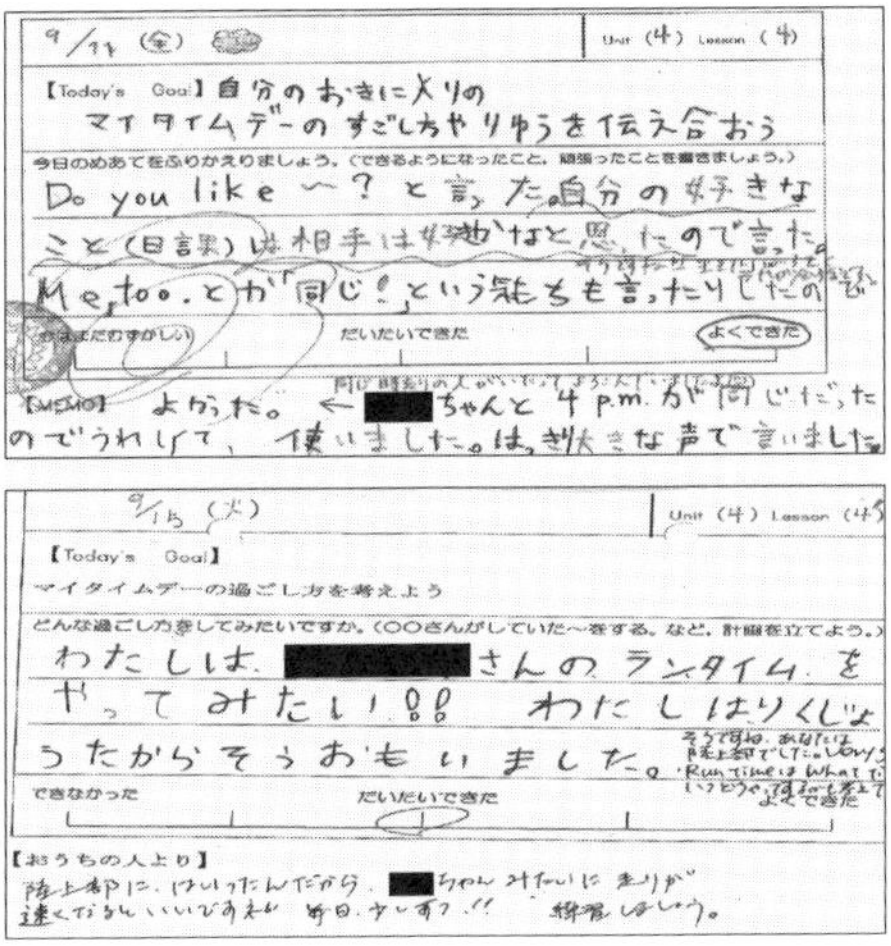
9/11（金）　Unit（4）Lesson（4）
【Today's Goal】自分のお気に入りのマイタイムデーのすごし方やりゆうを伝え合おう
今日のめあてをふりかえりましょう。（できるようになったこと、頑張ったことを書きましょう。）
Do you like ～？と言った。自分の好きなこと（日課）は相手は好きかなと思ったので言った。Me, too. とか「同じ！」という気もちも言ったりした。
まだむずかしい　だいたいできた　よくできた
【MEMO】よかった。← [redacted]ちゃんと4 p.m.が同じだったのでうれしくて、使いました。はっきり大きな声で言いました。

9/15（火）　Unit（4）Lesson（5）
【Today's Goal】マイタイムデーの過ごし方を考えよう
どんな過ごし方をしてみたいですか。（○○さんがしていた～をする。など、計画を立てよう。）
わたしは、[redacted]さんのランタイムをやってみたい!! わたしはりくじょうだからそうおもいました。
できなかった　だいたいできた
【おうちの人より】陸上部に、はいったんだから、[redacted]ちゃんみたいに走りが速くなるといいですね。毎日、少しずつ!! 練習しようね。

図4－11　マイタイムデーの振り返り

三　「ギャングエイジ」のパワーを生かす

苛立って人に当り散らしたり教師に反抗したりしている子どもは、繊細な部分を持ちつつも、すごいパワーの持ち主であることが多い。そして、よく人のことを観察する力がある子も多いと思う。学級開きのときに、「担任はどんな人だろう」と、少し試しながら見ているのも、この「ギャングエイジ」ならではの特徴だろう。

観察力があるのなら、それをよさと捉えてみればどうだろう。「よく見ているなあ」「こんなことにも気付くの？」粗探しのような悪い視点ではなく、「いいところ見つけ」のようなよい視点になったなら、親や教師からだけでなく、そばにいる友達から影響を受けて高め合い、認め合えるようなつながりのある学級に成長できるのではないかと思う。

そこで、私は対話を大事にしている。子どもが学級で不安なく楽しく過ごせるよう、主体的に学習に向かえるよう対話するよう心がけると、子どもの気付きは温かく、学びは深くなる。対話には子どものつながる力を育むために大切な要素がある。

学級の友達とのつながりを大切にしていくと同時に、子どもには、「自分たちでできた！」「自分で考えてやってみると楽しい！」という経験を積ませたい。低学年のうちは「やってみたい」という意欲から積極的に取り組んできたことが、成長とともに失敗を恐れ、「やっていいですか」「何をやればいいですか」と確認しがちになる。教師に確認することすべてを否定するわけではないが、子どもには自分の思考力やアイディア力をもっと信じて挑戦してほしいと願う。

しかし、子どもだけで一歩踏み出すのは容易なことではない。自信を持って一歩踏み出すための教師のサポートが必要だと思う。さらには、一歩踏み出したことでの成功を積むことも重要である。そのためには担任の仕掛けや根回しが欠かせない。たとえば「楽しそう！」と思えるゴールを用意し、そこまでに何をすればいいかを考えさせるなど、「自分たちでできたという思いをもたせる」ことから始めたい。それが自信と勇気に結び付いていくと、今度は本当に自分たちの力でできることが増えてくるから不思議だ。このようなことは、一人でできることではない。学級の仲間とつながる力は絶大であると、改めて思う。

第五章　子どもの自己指導能力を育む学級経営の実践

高学年の子どもたちは自己実現を図るために、自己選択や自己決定を日常の学校生活におけるさまざまな場面で繰り返し行っていくことが重要である。低学年から育んできた「やってみたい」という意欲、中学年で身に付けた「できる」という経験を土台にして、より具体的な目標を持ち、その目標を実現させるために「どうすればできるのか」を自分で考えて実行していく。小学校の集大成に差し掛かる高学年では、子どもたち一人ひとりが自分の目標を持ち、学級全員がその目標を達成していく仲間であることを意識して高め合っていける学級集団を築きたい。

子どもたちが一つの小さな社会＝学級・学校のなかで出会い、共に過ごすなかで、私たち教師はどのように位置付けられ、どのような役割を果たせばよいのかとよく考える。そして、自問を繰り返すなかで、私たち教師に求められることは、子どもたち一人ひとりの「自己指導能力」を育むことだと考えた。自己指導能力を育成するためには、子どもたち一人ひとりの児童理解に努めること、そして生徒指導の三機能を意識した積極的な指導を行うことが欠かせない。

そこで本章では、

(1)　生徒指導の三機能を意識した学級経営
(2)　子どもたち一人一人が輝ける学校づくり
(3)　全ての子どもたちが大切にされる社会の実現を願って

この三点に基づいて行った学級経営の実践について述べる。

一　生徒指導の三機能を意識した学級経営

生徒指導とは

生徒指導とは、一人一人の児童生徒の人格を尊重し、個性の伸長を図りながら、社会的資質や行動力を高めるように指導、援助するものであり、学校がその教育目標を達成するための重要な機能の一つである。しかし、これまで、ともすれば学校における生徒指導が問題行動等への対応にとどまる場合があり、また、教育相談との乖離という問題も指摘されてきた[1]。

これは、文部科学省の生徒指導に関する教員研修の在り方研究会が平成二三年に報告したものである。ここにも書かれているように、生徒指導とは何らかのトラブルが起きたときに解決をするものだというイメージを持つ人が多い。たしかに、いじめや不登校など、子どもたちを取り巻く環境のなかで解決すべき課題は多くある。しかし「生徒指導」の本質は、全ての子どもたちの「自己指導能力」を開発することである。それは、児童生徒が基本的な生活習慣を土台に、規範意識に基づいた行動をできるようにし、人と関わり合いながら、問題や対立が生じても解決して、向社会性の豊かな人間へと成長できるように促すことである。この「自己指導能力」の開発こそが生徒指導に最も求められることだ。

〝課題を解決すること〟と〝成長を促すこと〟の二つの側面があることを十分理解した上で、生徒指導を行いたい。そして本章では後者の〝成長を促すこと〟、つまり子どもたちの「自己指導能力」の育成のためにできることを、学級経営の視点から考えていく。

子どもたちの「自己指導能力」を育成するために重要なのが、生徒指導の三機能である。生徒指導の三機能とは、

子どもに自己決定の場を与えること
子どもに自己存在感を与えること
共感的な人間関係を育成すること

の三つの機能を指し、この三つの機能をありとあらゆる教育活動の場に生かすことが大切である。ここからは、それぞれの機能を学級経営のなかにどのように取り入れることができるか、具体例をもとに考えていく。

子どもに自己決定の場を与えること

自己決定とは、自分で決めて実行することである。教師がすべて決めてしまうのではなく、失敗してもいい、間違えてもいいから子どもたちに自己決定の場を与えて何度も挑戦させていくことが大切であると考えている。

何度でも失敗し、何度でも挑戦できる教室という場所で、たくさんの仲間に支えられ、信頼できる大人に見守られながら自分で決めたことをやり通す力を付けることで、一人ひとりが自分に自信を持ってほしいと願っている。そして、自分で決めたことに責任を持って実行することで、自分の可能性に自ら気付き、その伸長を目指して努力する態度を養っていきたい。

しかし、身勝手な自己決定ではなく、「自分」にとっても「相手」にとってもよい自己決定であるかどうかは、教師として見守っていくことも大切にしたい。

①　新学期の自分の目標を決める

四月の学級開き、それぞれが最高学年になってのスタートを迎えた。自己紹介カードに自分の決めた目標を書き、学級に掲示しておくことで、いつも意識できるようにする。学期が変わった際に、前の学期に自分が立てた目標の達成度をふり返ってから新たな目標を立てることで、一年間の自分の成長を自分なりに捉えることができる。また、次の目標を立てる際の参考にもなる。

②　新学期の学級目標を決める

一人ひとりがどのような学級にしたいかを話し合い、学級目標を決める。また、その学級目標を達成するためにはどうすればよいのかを考え、学級の約束もみんなで話し合って決める。教師自身も、子どもたちがみんなで決めた目標に時折立ち返りながら指導することで、つねに意識付けたり、学級への所属感を高めたりすることができる。教師の思いで学級を引っ張っていく指導方法もあるが、私はできるだけ子どもたちの思いに寄り添い、学級の一員として子どもたちの決めた学級目標が達成できるように指導することを心掛けている。そうすることで、子どもたち自身が自分たちの決めた目標を達成しようとする思いが強くなると考えているからである。

③　修学旅行や社会見学など、校外活動の約束や活動計画を立てる

自分一人ではなく、グループの全員が楽しく、学びある校外活動にするために必要なグループの約束や活動の計画を立てるようにしている。特に六年生での校外活動では、これまでの学校生活で培ってきた「時間を守ること」や「公共のマナー」などを意識して、活動を進められるようにしたい。そのためにも、活動の目的やマナーについては、教員が明確にしておく必要がある。私自身、「約束は自分たちを縛るものではなく、自分や相手を守るためのものである」とつねに子どもたちに意識して伝えている。六年生での校外学習が、子どもたちにとって、普段の生活のなかで意識して身に付けてきた力を存分に発揮できる活動となるように促したい。

④　係活動を充実させる

特別活動の一つとして、係活動がある。係活動は「黒板消し係」や「電気係」のような必ず必要なものではなく（そういった係は日直の仕事にしたり、自主的にできるように促したりする）、「なくてもいいけれどあると学級がより楽しくなるものにしよう」と声をかけている。そうすると、「誕生日係」「新聞係」「お楽しみ係」「お笑い係」など、子どもたちのアイデアがつまった係が生まれてくる。

みんなで出し合った係のなかから、自分のやってみたいものを選び、自分たちの力で企画・運営をする。何の係活動をやりたいか、たとえばお楽しみ会を行うのであれば、何をするのか、いつ・どこで行うのか、何が必要か、チーム分けをどうするかなど、係活動は自己決定の連続である。

子どもたちの思いを大切にし、自主的・意欲的に行っていけるように促し、学級みんなのために自分たちで何

か実行することの喜びを、存分に味わわせたい。

⑤ 授業のなかでも自己決定の場を与える

子どもが一人でじっくり考えられる時間をつくること、考えたことをみんなに伝わるように話すこと、これらは学習規律を整える上で当たり前のことだ。しかし、これらも自己決定の場を与えることにつながる重要な要素である。教師がいつも主導の授業では、子どもたちは自分なりの考えをつくることは難しい。また、間違えられない雰囲気の教室のなかでは、自分の考えを伝えることはできないだろう。学習の規律が整っていることは、子どもが自己決定していく上で、非常に重要なことである。

子どもに自己存在感を与えること

自己存在感は、自分が価値ある存在であると実感することを言う。子どもたちがそう感じられるようにするためには、子どもたち一人ひとりの家庭環境や、得意なことや苦手なこと、何に興味があるのかなどを十分に理解した上で関わり合うことが大切である。

私はこれまで、家庭環境が複雑で自分の存在に意味が見出せずにいる子ども、いつも親の顔色をうかがい自分の思いを持てない子ども、信頼できる大人と出会ってきておらず将来に希望を持てずにいる子どもなど、自己存在感を感じられずにいる子どもたちと多く出会ってきた。そのような状況にある子どもたちも含めて、一人ひとりの子どもを徹底的に大切にし、子どもたちだけでなく、保護者とも積極的にコミュニケーションを図りながら児童理解に努めることが大切である。

そして、一人ひとりの子どもたちの個性や独自性を受け止め、認めていく機会を増やしたい。その際、プラスの要因があったから褒められるという経験をさせるだけではなく、「ありのままのあなたがいてくれることが素晴らしい」という気持ちを最も大切にして関わることを忘れずにいたい。

①　授業中の話し方・聞き方

子どもたちに、「話す人は聞いている人のほうを向いて話しましょう」「聞く人は話している人の目を見て聞きましょう」という指導をよくする。これも、ただ話し方・聞き方の指導をしているだけではない。相手の目を見て話すことで相手の存在を意識して話すことができ、相手の目を見て聞くことで話している人は安心して話すことができる。きちんとみんなに受け入れてもらっているという安心感は、自己存在感を高めることにつながるからである。

また、子どもたちに指導するばかりではなく、教師自身がお手本となる話し方・聞き方を示すことも大切だ。たとえ間違えていたとしても、教師が「うんうん」と頷きながら子どもの話を聞くこと、途中で話に詰まっても最後まで話し切れるように待つことは、学級のなかの大きな安心感につながる。

これは授業中だけではなく、授業中以外でのやり取りのなかでも大切にできるように意識したい。特に高学年では、授業中の発表を恥ずかしがったり、躊躇ったりする姿をよく目にする。そんな時でも絶えず、安心して学べる学習集団を築くために、話し方・聞き方の指導は徹底して行っていくことが大切であると考える。

②　プリントやノート、おたよりを活用したコメント

子どもたち一人ひとりのプリントやノートにはコメントを書いて返す。それぞれの頑張りを認めたり、子どもの考えたことに対する教員の返事を書いたり、また、新しい視点を与えたりする上でもプリントやノートへのコ

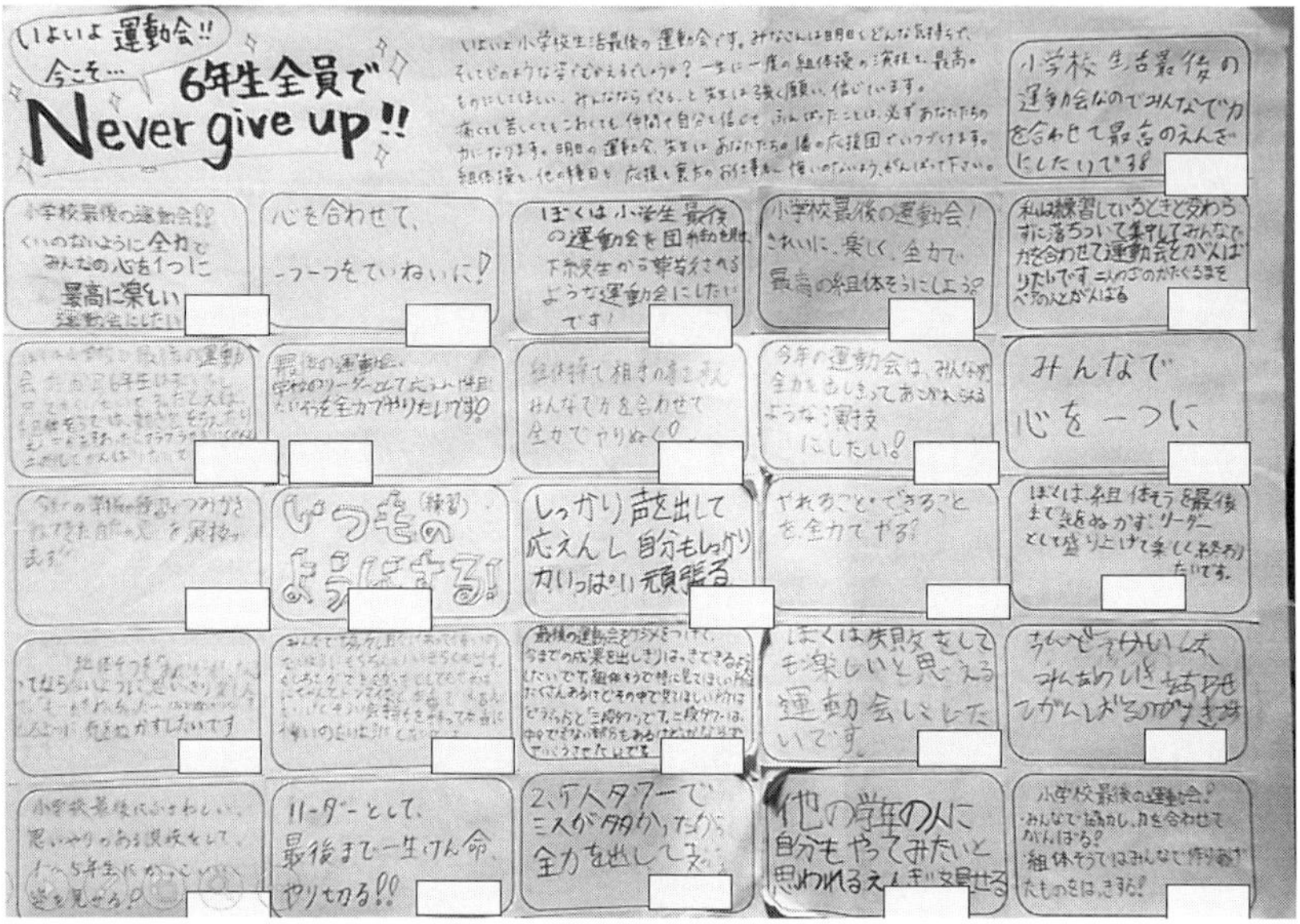

図5－1　みんなの目標を視覚的に

メントは有効であると考える。そうすることで、授業時間中には発表できなかった児童にも、自己存在感を与えることができるからだ。

また、学習予定表の裏面やおたよりを通して子どもたちとやり取りをすることもできる。テーマに沿った内容で自分の考えや好みを書いたり、子どもが書いたことに対する返事を書いたりする。一人ひとりとのつながりをつくりつつ、その子にだけわかるコメントを書くことで、子どもたちとの距離も近付く。テーマの内容は「今週、頑張ったこと」「好きな給食」などの学校生活のことでも、「最近のマイブーム」「おすすめの本」「週末の過ごし方」など、子どもたちの興味のありそうなものでも構わない。やり取りを続けることで、子どもたち一人ひとりのより深い理解に活かすことができ、休み時間などに声をかける話題にもなる。

さらに、おたよりを使って子どもの書いた内容を学級全体に発信していくことで、教師と一対一での自己存在感ではなく、学級のなかでの自己存在感を与えることにもつながっていくと考える。学校行事への意気込みや振り返りも積極的に載せるようにしている。みんなで一つの目標に向かって努力していることを、視覚的にも捉えられるようにするためだ（図５－１）。ただし、教師と自分の間だけでのやり取りにしたい子どももいる可能性を考慮して、子どもの許可を得るなど、扱いに気を付けることも忘れてはならない。

③　誕生日の声かけ

どの子どもたちにとっても特別な日であろう誕生日。誕生日に「おめでとう」と声をかけられることは、大きくなってもとても嬉しいことだ。全員に平等にやってくる一年に一度の大切な誕生日。誕生日はまさしく、自己存在感を与える上で最も大切にしたい、「ありのままのあなたがいてくれることが素晴らしい」という気持ちを伝えられる大切な日である。「おめでとう」の声をかけることはもちろんのこと、係活動でみんなからのメッセージを送ったり、給食時間に牛乳で乾杯したり、学級の実態に応じてさまざまな手段でお祝いできるようにしている。

④　交換ノート

登校しづらい、友達とのトラブルが多い、家庭環境が複雑であるなど、特に困りがある子どもとの関わりは密にできるようにすることが大切である。たとえば交換ノートを活用している。言葉にして伝えることが苦手だったとしても、ノートになら困っていることを書けたり、他愛もないやり取りのなかでトラブルの解決の糸口が見えたりすることもある。何より、「あなたのことをしっかり考えているよ」という思いが伝わる。学級の子どもたち全員とではなく、必要に応じて個別にノートを用意し、交換ノートをすることも、特に困りを背負わされている子どもへの特別感となるので大切にしている。

共感的な人間関係を育成すること

共感的な人間関係とは、相互に尊重し合う態度のことであり、互いのよさに目を向け認め合い、ありのままの自分を語り合い、理解し合うことである。

特に高学年では、思春期に入り努力することに恥ずかしさを感じたり、ほめられることに抵抗を感じたりする子どもの姿を目にする。そういった姿は、特に自分に自信を持ちにくい子どもたちによく見られるように感じる。「自分を大切にできる人は相手も大切にできる。相手を大切にできる人は自分も大切にしてもらえる」と、教室でもよく子どもたちに語りかけている。共感的な人間関係を育成することを通して、一人ひとりの子どもたちが自分のよさに気付き、自分を好きになり、自信を持てるようにしたい。

① 「きらきらシャワー」

その日の日直のよいところを帰りの会で伝える取り組みである。この取り組みでは、学級の子どもたち全員が一人の子のいいところを順に伝えていく。もちろん、教師も必ず伝える。

はじめは「走るのが速い」「字がきれい」など、特に関わりがなくても見てわかるようないいところを言う子どもが多い。全員がきらきらシャワーを終えるまでの一巡目はそれでも黙認する。しかし、二巡目からは上辺ではなく、関わっているからこそわかるよさや、他の友達は気付いていないようなよさを伝えようと促す。そうすると、「一人でいたら一緒に帰ろうと声をかけてもらって嬉しかった」「誰も見ていないところで、乱れているトイレのスリッパを揃えていた」など、「きらきらシャワー」を言ってもらっている子どものよさがより具体的に生きいきと伝わってくる。

最後には、「きらきらシャワー」を言ってもらった子どもに感想を必ず話させる。そうすることで、その子がみんなからの言葉をどう受け取ったのかが分かる。また、照れくさそうに笑いながら話す子どもの表情からも、子どもの感じている気持ちが伝わってくる。

このように、学校生活一日の最後である帰りの会で、毎日、お互いのよさを認め合う時間を設けることは、共感的な人間関係を築いていく上で有効であると考える。

② ○○さんの「きらりカード」づくり

「きらきらシャワー」とも重なるが、学級の仲間のいいところを伝え合う取り組みである。学期末や年度末に、学級の仲間全員のいいところをカードに書いて送り合う。言わば、日常的に行っている「きらきらシャワー」の集大成のようなものだ。

小さいカードを配って、後で大きな画用紙に一つにまとめて送るのもよいが、子どもたちの嬉しい気持ちや何を書いてもらえるのかな？　とわくわくする気持ちをもっと高める方法はないかと考えた。そこで考えたのが、カードを背負う方法である。自分のカードをはさんだ探検ボードをリュックにして背負い、教室を歩き回って順番に自分のいいところを書いてもらう。背負っているためカードが見えず、最後まで何を書いてもらっているかはわからないため、わくわくする気持ちも高まる。また、背中で書いてもらうので、友達との物理的な距離も近づき、そのときの子どもたちの姿や表情は、見ていてとても微笑ましい。

高学年の子どもたちは、信頼できる大人とのつながりを土台に、これまで以上に子どもだけの世界を大切にする。友達と認め合える関係を築くことは、子どもたちのよりよい成長を促す上で欠かせないものであると考えている。

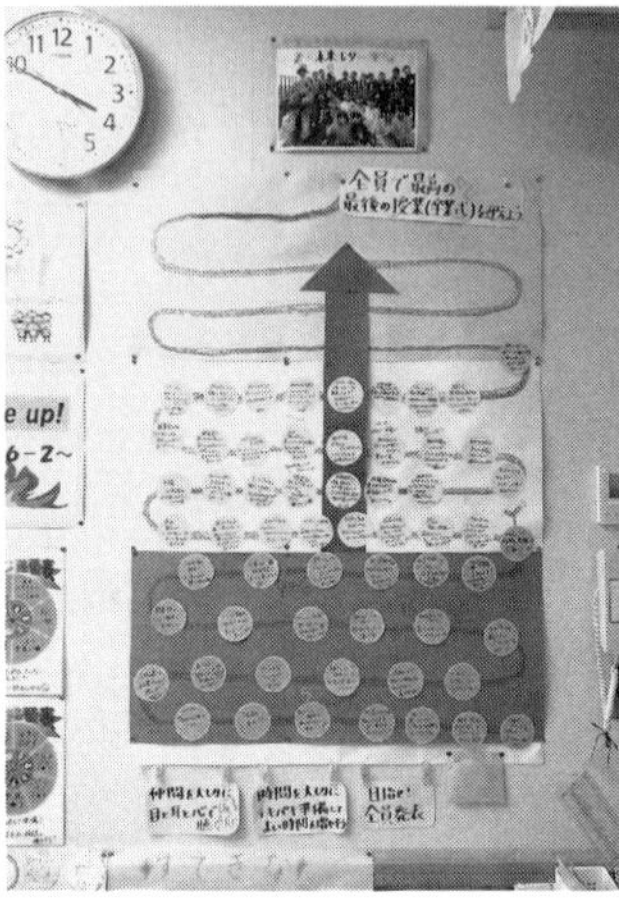

図5－2　「卒業への道」の掲示

③　授業のなかでの共感的な人間関係

前項でも述べたが、授業のなかで最後までしっかり話を聞くことは、共感的な人間関係を築く上でも大切にしたい。話を聞いてもらえる＝受け止めてもらえると感じられるからである。学校生活一日の大半を占める授業が、子どもたちのよりよい人間関係を築く上でも有意義な時間となるように、教員として学習環境を整えることを大切にしたい。そして、整った学習環境のよさを子どもたち自身が感じ、自分たちでよりよい学習集団となっていけるように促したい。

④　掲示物

六年生の学級担任のときには、一年間通して「卒業」を意識できるようにしている。四月当初には卒業式の日の自分に向けて「未来レター」を書いた。学級全員の未来レターを集めて、集合写真を貼った封筒にひとまとめにして掲示し、小学校生活最後の一年に馳せる思いをみんなで共有したい。

さらに、子どもたちのいいところを書いたカードを掲示物として貼り集めていき、学級全体が高まっていく様子を視覚的に感じられるようにした（図5－2）。子どもたちの課題にばかり目を向けるのではなく、子どもたちの様子をよく観察し、当たり前の日常のなかにある子どもたちのがんばる姿を価値付けて、認めていきたいと考えて行った取り組みである。この掲示物を「卒業への道」と名付け、卒業に向けて一年間一歩一歩進んでいく仲間として、子どもたちの共感的な人間関係を育むことを意識した。

生徒指導の三機能を意識した学級経営

ここまで、生徒指導の三機能をどのように学級経営に取り入れることができるか述べてきたが、挙げた具体例はほんの一部にすぎない。自己決定の場を与えることで、自分の行動に責任を持てるようにすること。そのためには、自己存在感を与え、ありのままの自分に自信を持ち、さらなる成長を目指して挑戦できるように支援すること。自己決定することも自己存在感を感じることも、共感的な人間関係を土台として築かれていくものであること。これらを意識して学級経営を進めていきたい。

また、ここまでに述べた具体例はHow toではないと考えている。一人ひとりの子どもたちのことを十分理解し、学級の実態を把握した上で意図的・計画的な指導を行い、上手くいっていないと感じるときには軌道修正することも大切である。高学年になるにつれわかりにくくなる学級の実態に、教師自身がいつも鋭いアンテナを張り、適切に指導し、その指導に対する評価と修正を繰り返しながら、学級づくりを行っていく必要がある。

教師の鋭い感覚を駆使した指導のもと、また、一人ひとりの子どもたちへの大きな愛情のもと、生徒指導の三機能を意識した学級経営を行うことが、子どもたちの自己指導能力を育成することにつながると考えている。

二　子どもたち一人ひとりが輝ける学校づくり

子どもたちが主役の学校

学校は、子どもたちが主役の小さな社会であると考えている。社会で許されないことは学校でも許されないということを学び、何度も失敗したり叱られたりしながら社会の秩序を知り、社会的な資質や行動力を身に付けていく。また、多くの人との関わり合いのなかで共に喜び合ったり、時には傷付いたり傷付けてしまったりしながら、自分を磨いていく。そんな子どもたちが主役の小さな社会のなかで、私たち教師ができること、するべきことは何なのかとよく考える。

特に高学年の子どもたちには、学級や学年のなかで学び、身に付けてきた力を、学校というこれまでより少し大きな場所で存分に発揮させていきたい。そこで私たち教員に求められることは、子どもたちが「自分たちの力でできた！」「少し大変だったけれどやり切れた！」と達成感ややりがいを感じられる経験の場を用意することではないだろうか。そのためにも、学校という組織のなかで高学年の子どもたちをどのように位置付け、教職員全員で関わっていけばよいかについて考えていきたい。

委員会活動・児童会活動の活性化

学校生活のなかで、子どもたちに指導すべきことはたくさんある。例えば、「トイレのスリッパを揃えましょう」「掃除をしましょう」「使ったボールを片付けましょう」「ろうかは歩きましょう」など、少し考えるだけでも、たくさん思い出される。教員として、気付いた時には声をかけたり、普段から学級で時間をかけて話したり、道徳の時間に子どもと一緒に考えたりもする。

しかし、この教師からの声かけや指導を、いかに最小限にしながら子どもたちに意識させ行動できるように促すかが生徒指導を基盤とした学級経営のポイントであると考える。そしてここに、高学年の子どもたちを学校のリーダーとして活躍させるヒントがあると考える。おそらく子どもたちのなかでも、特に高学年の子どもたちは、何がダメでどうすればよいのかはわかっている。わかっているけれど、行動するのが難しい。場合によっては「先生が見ていないからいいや」「みんなやってるから自分も……」という気持ちで、ダメだとわかっていながらも、やってしまうこともあるのではないだろうか。

そこで、子どもたちが主役の学校を、子どもたちの手でよりよくしていけるような、活発な委員会活動や児童会活動を実践していきたい。子どもたちが選び、所属する委員会にはもともと決められた役割があるだろう。担当の委員会の教師として、「やらなければならないからやらせる」意識でいると、委員会活動も「ただやらされている面倒なもの」になってしまう可能性もある。

例えば、美化委員なら自分の学級の掃除の様子を話し合う。いいところも課題も出し合うなかで、子どもたちは自分自身の掃除の仕方だけではなく、学級や学校全体の掃除の様子を意識し始める。そのなかで、「ふざけて掃除をしない人がいる」などの課題が出てきたなら、それはむしろチャンスだと捉えている。その課題を解決するためにアイデアを出し合い、実行していくことができるきっかけになるからだ。「ポスターを使って呼びかけよう」「それぞれの学級の美化委員が中心となって掃除時間の声かけをしよう」「朝会で正しい掃除の仕方を見せる劇をしよう」など、出てきたアイデアをどんどん実行していきたい。そうすることで、教師が「掃除をしなさい」という指導を一つ減らし、子どもたちの前向きな声かけで学校がよりよく快適な場所になるかもしれない。それこそが、目指すべき委員会活動であり、生徒指導が行き届いていてこそ実践できる活動であると考える。

そう考えると、学校のなかにある多くの課題は、子どもたちが中心となって声をかけ合い、よりよくしていける課題ではないだろうか。そのことをつねに意識することで、教師がいつも最前線で大声を出すのではなく、子どもたちが主体となって動く学校に一歩近づける。そして教師は、子どもたちの頑張りを支えたり、困っているときには話を聞き、共に解決策を見出したりする存在でありたい。

学校行事の活性化

運動会や学習発表会等の学校行事も、子どもたちがこれまでに身に付けてきた力を発揮する絶好のチャンスである。そして、自分の力を発揮するのは、出場や出演場面といった自分の出番だけではない。もちろん自分の出番で一〇〇％の力を出し切ることも、とても大切なことである。その自分の出番で力を出し切った上で、出番以外のところでの高学年としての活躍を期待したい。

そこで大切なことは、運動会や学習発表会等の係活動である。たとえば運動会では、応援団や開会式・閉会式の司会など、全校の子どもたちの前に立って活躍する係もある。しかし、得点係、決勝係、準備係などの目立ちにくい係も重要で欠かせない。子どもたちは、自分の興味や特性を捉えながら、場合によっては低学年からの憧れを抱きながら、担当する係を決めることだろう。その際に、どの係も重要で欠かせない係であることを十分理解させて選べるようにすることが大切である。また、運動会はそういった一人ひとりの陰の働きがあって成り立っていることも学級でしっかりと伝えておきたい。

学級でそのような指導があって分散して係活動をしている子どもたちを、各係でどのように受け持つかも大切である。担任ではない教師からかけられる言葉というものも、子どもたちの意欲をさらに高めていく上で重要である。ただ単に時間に追われて、決めなければならないことを決める、やらなければならないことをやる作業のような時間になってしまってはもったいない。はじめに担当の教師から、「頼もしい」「期待している」「いっしょにがんばろう」などの言葉をかけてもらえるだけでも、子どもたちの意欲は増すのではないだろうか。係が終わった後も、「とてもよく頑張ってくれたおかげで成功したよ」「ありがとう」、この一言が子どもの成就感を確かなものにできるのではないだろうか。

担任だけではなく、学校の教職員全員がそのような心構えで子どもたちと関わっていける学校をつくりたい。そして、教師がたえず裏方に徹し、子どもたちに達成感ややりがいを味わわせられる行事の運営ができることを心掛けたい。

子どもたち一人ひとりが輝ける学校を目指すために

子どもたちが主役の学校で、すべての子どもたちが力を発揮できる学校を築くためにできることを、委員会活動と学校行事を例に挙げて述べてきた。しかし、言うは易し行うは難しである。実際に学校現場で働いていると、日々の慌ただしさに飲まれて、せっかくの子どもの成長のチャンスを見逃してしまうことも多い。教職員一人ひとりの意識や足並みを揃えることも、そう簡単ではない。そのなかでも、子どもたちを中心に据えて、教職員みんなで活躍の場を築くために必要だと考えることを以下に整理する。

①　各分掌のつながりをよりいっそう密にする

学校教育目標のもと、各分掌がそれぞれの立場でそれぞれの役割を果たしている。その一つひとつに、よりつながりをもたせていくことで、もっとスムーズに、もっとシンプルに子どもたちの活躍の場を増やすことができることがあると考える。

先にも述べたように、児童会活動と生徒指導を結び付けることで、子どもたちが決めた目標と生徒指導の実態を擦り合わせて子どもと一緒に学校をよりよくしていける。そして学級活動や道徳の時間に、目標のふり返りをしたり、ふり返ったものを人権部で掲示板に掲示したりすることもできる。このように、子どもたちを中心に据えて、子どもたちと共に学校をつくっていくためには、学校組織での分掌のつながりをよりいっそう密にすることが大切である。そこには必ず、教職員一人ひとりの思いや願いもあるはずだから、その思いや願いを教職員同士で事前に何度も話し合い、そしてそれを常に繰り返すことが大切なのではないだろうか。

②　全教職員のコミュニケーションを図る

上で述べたことにもつながるが、教職員同士で子どもたち一人ひとりに対する思いや願いを語り合える職員室をつくることも大切である。毎日の放課後に、上手くいったことも、上手くいかなかったことも含めて、一日の出来事を話したり聞いたりするだけでも学級の様子が見えてくる。違う学級の子どもたちの様子も含めて伝え合える、子どもたちの話が飛び交う職員室を目指したいと考えている。

「○年生の子どもたちが下駄箱の掃除をとてもがんばってくれていました」「○○さんがいつも大きな声であいさつをしてくれます」「委員会の時にとてもはりきって活動しています」など、声をかけてもらったら、それは次の日に必ず子どもたちに伝える。その場でももちろんほめるが、後からさらに担任からもほめてもらえたならば、それだけで子どもたちは二度ほめられたことになる。それはとても嬉しいことではないだろうか。また、担任が他の学級の教師や違う立場の職員とのつながりがあるということも子どもたちにとっては安心でき、心強いことであろう。

そのためにも、トラブルがあった時だけではなく、普段から教職員同士のコミュニケーションを密にしていきたい。

③　担任教師との信頼関係と規律ある学級経営

教室以外の学校のなかで、子どもたちがより活躍できるようにするためには、まずは教室のなかで子どもたちが安心して過ごせていることが欠かせないと考える。日々の学級経営のなかで、担任の教師との信頼関係を築き、学校のなかにいる大人は自分たちのことを一番に考えてくれる存在であることを、子どもたちが自覚できていることがとても大切である。また、これまでに述べてきたような日々の指導のなかで、人の話をよく聞いたり、自分の考えをきちんと言葉にして伝えたり、きまりを守ったり、規律ある学校生活を送ることのよさを教室のなかでも存分に味わえていることも大切だ。日々の地道な学級経営の積み重ねがあってこそ、学校のなかでさらに活躍できる子どもたちへと成長していけるのである。

このように、子どもたちが主役の小さな社会である学校のなかで、学校の全教職員が同じ方向を向いて日々の指導を積み重ねていくことが大切である。そうすることで、たとえトラブルがあったとしても一人で抱え込むのではなく、共に向き合っていけると考える。私自身も一担任として、問題を一人で抱えて悩むのではなく、いいことも悪いことも日々共有していくことが大切だと考え、いつもコミュニケーションを積極的に図るように心がけている。

三　すべての子どもたちが大切にされる社会の実現を願って

出会いが人を育てる

子どもたちは自分を映す鏡である。だからこそ何か困ったことがあったときに、決して子どものせいにはせず、自分の指導をふり返るべきだと考えている。また、子どもをじっくりと観察していると、家庭環境や社会のあり方まで映してくれることがある。社会が日々大きく変化し続けるなかで、貧困や虐待などにより、社会から取り残されている子どもがいないかと、いつも細心の注意を払って子どもたちの様子を観察するようにしている。目の前で起きているトラブルや問題行動の解決にとどまらず、トラブルや問題行動を引き起こしている原因や背景に目を向けなければ子どもたちを正しく理解することはできない。子どもたちの正しい理解ができていないままで、一人ひとりの子どもたちを徹底的に大切にすることはできないだろう。

先にも述べたが、私はこれまでにさまざまな困りを背負わされた子どもたちと出会ってきた。その多くの子どもたちは、親からの愛情を十分に受けられず、社会のなかで埋もれて過ごしていた。その子どもたちは、こちらがどれだけ向き合おうとしてもそっぽを向いてしまうことがある。大人のことは信頼できないと思っているのだろうか。愛情を感じる経験が少なく戸惑っているのだろうか。「先生だって、どうせいつかいなくなるやん」と、心が痛くなる言葉も何度もぶつけられた。また、教師が自分のことをどれだけ思ってくれているのかを試すような行動をとる子どももいる。本気で叱ってくれるのか、どれだけ自分のことを理解してくれるか、何度でも許してくれるのか、最後まで追いかけてくれるのか……。成育のなかで大人を素直に信じられなくなっている子どもたちは、もしかしたら見捨てられるかもしれないという不安を感じながらも教師を試し続けるのだ。だからこそ、そういった子どもたちを決して見捨ててはいけない。その子どもの試し行動に、こちらの心が折れそうになることもある。自分の指導が間違っているのではないかと不安になることもある。それでも、学級のなかにその子がいてくれることが、どれだけ嬉しいことで、出会えてよかったと感じているのかを、毎日根気強く伝え続ける。「誰一人取り残さない」という強い思いだけで子どもたちと何度もぶつかり合った。今振り返ると、心をぶつけ合うだけではない、もう少しよい関わり方や指導があったのかもしれないとも思う。しかし、それでもぶつからなければならないときはある。子どものことを理解したいと思い、日々子どもたちと向き合うなかで磨かれ続ける感覚も、教師として必要不可欠なものだと思う。

これまでに述べてきた生徒指導を基盤とした学級経営は、すべてそういった子どもを思う気持ちや子どもの変化や思いに敏感に気付く感覚があってこそ成り立つものだと考えている。生徒指導は決して How to ではない。何か取り組みをするから上手くいくものでもない。教師として子どもたちや学級に抱く思いや願いが土台にあってこそ、はじめて取組があるのだ。これまで出会った子どもたちにとって、私との出会いがどれだけプラスになったかは分からないが、少なくとも私は子どもたちと出会うことでたくさん学び、成長させてもらった。そして、子どもたちとの出会いの数だけ、教師としての感覚も磨かれてきたのだと思う。

しかし、どれだけ子どもたちのことを大切に思っていても、教師としてできることには残念ながら限界がある。子どもの家庭環境や社会のあり方を改善することは到底できない。だからこそ私たちは、子どもたちと真摯に向き合い、子ども自身に自分の力で社会で生きていく力を身に付けさせる必要があると考える。学級が変わっても、卒業しても、社会に出ても、子どもたちが身に付けた自己指導能力を発揮して、人との出会いを通してたくましく生きてくれることをいつも願っている。

すべての子どもたちが大切にされる社会とは

先にも述べたが、子どもたちの様子をよく観察していると、家庭や社会のあり方までも見えてくることがある。そのなかでも、相手の失敗を許せない子どもの姿が気になる。人間だれしも完璧ではない。みんな失敗を繰り返しながら、少しずつ成長していくのではないだろうか。それにもかかわらず、友達が失敗したときや友達とトラブルになったときに、相手を責めるばかりで、許す心を持ちにくい子がいる。そんな子どもの姿と社会のあり方が私のなかで重なって仕方ない。人権的に相手を傷付けるような問題や命を脅かす危険な行為についてなど、許しがたい問題があることも事実だろう。しかし、社会全体がいつも何となくせわしない日常を送っていて、ほっと一息休息したり、相手の話や思いにゆっくり心を傾けたりする時間が取れていないように感じられる。どことなく切迫した日常のなかで、自分の意に反することが起こったとき、自分に余裕がなく、ゆっくりと相手の思いを聞く時間を取ることもできないのではないだろうか。その結果、相手の失敗を責めてしまったり、トラブルを相手のせいにしてしまったり、心に余裕があれば許せることでも許せなくなってしまっているように感じる。

そんな社会のなかで育っている子どもたち。学校のなかでも、すぐに相手を責めてしまう姿をよく見かける。高学年になると、これまでは「ごめんね」「いいよ」と解決していたことが、許しにくくなるトラブルがあることはよく理解できる。しかし、相手と許し合うことで、これまで以上に仲を深めたり、友達が増えたりもするのではないだろうか。小学生の間に学校という小さな社会のなかで、子どもたちが大きくて温かい心で友達と許し合う経験を積むことは、子どもたちが将来、社会に出た時にも、人とのつながりを広げて深めていく一つの力になると考えている。

そのためにも、私たち教師が子どもをどれだけ許し、認めていけるかも大切なことだ。だからこそ、子どもが失敗したり、何かトラブルを起こしたりしたとしても、怒るのではなく叱る、できれば諭しながら、子どもたちの心の声にしっかりと耳を傾けたい。そして、子どもたちが将来、お互いを大事にし、許し合えるあたたかい社会を築いてくれることを願っている。

四　子どもの自己指導能力を育てる

低学年で育んだ「やってみたい」という意欲、中学年で身に付けた「できる」という経験を土台にして、より具体的な目標を持ち、その目標を実現させるために「どうすればできるのか」を自分で考えて実行してほしい高学年。学級全員が自分の目標を持ち、学級全員がその目標を達成していく仲間であることを意識して高め合っていける学級集団を築くためにも、まずは子どもたち一人ひとりの「自己指導能力を育むこと」が学級経営のポイントである。

そのためにも、生徒指導の三機能「子どもに自己決定の場を与えること」「子どもに自己存在感を与えること」「共感的な人間関係を育成すること」を学校の教育活動すべてを通して実践することが大切である。そのことを教師が意識して子どもたちと関わっていくことで、子どもたちは自分に自信を持ち、未来に期待を持ち、そして仲間とよりよい関係を築き過ごすことができるようになっていくと考えている。だからこそ教師として、まずは子どもたち一人ひとりの児童理解に努めること、そして、自分の指導をたえず振り返り、たとえトラブルがあっても子どものせいにしないことを大切にし、子どもへたっぷりの愛情を注ぎたいといつも考えている。

そしてこのような学級経営は、決して教師の思いだけが先行していては実現しない。子どもたちへの思いや願い、情熱は燃やしながらも、一方で冷静に子どもたちや学級の実態を捉える目を持ちたい。今、子どもたちはどのような思いを持っているのか、学級はどういう状態にあるのかを的確に捉えながら、意図的・計画的に、生徒指導の三機能を意識した指導を積み上げていく。また、子どもたちとの信頼関係を十分に築いていくことも必要不可欠である。そのような日々の地道な積み重ねがあってこそ、学級経営は実現されていくと考えている。

これまでに出会ってきた学級や学級にいる子どもたちから、そんなことを学んできたが、私自身まだまだ発展途中だと自覚している。きっと今担任させていただいている学級の子どもたちからも、まだ出会っていない、これから出会う子どもたちからも、多くのことを学ばせてもらえるだろう。また、学べる相手は子どもたちだけではない。子どもたちを、毎日元気に送り出していただいている保護者のみなさんからの言葉から学んだり、励まされたりすることもたくさんある。また、同じ職場の仲間からの学びも大きい。

私たち教師の仕事は、人と人とのつながりがないと成り立たない。だからこそ、一人ひとりとの出会いを大切にしたい。そして、その出会いから学びたいことがたくさんある。そう考えると、わくわくする気持ちは膨らむばかりだ。子どもたちの自己指導能力を育みたいと考える以上、私自身も教師として、自分の自己指導能力を育み続けたい。その姿勢こそが、もしかするとよりよい学級経営を行う上で一番大切なポイントなのかもしれない。

第六章　子どもの力を伸ばす学級経営の実践

高学年になると子どもの学習はより複雑になり、宿泊やスポーツ大会等の行事も増える。「高学年の荒れ」「高学年女子」「高学年のグループ化」などといった問題がセットで生まれることもある。思春期特有の心理的成長も相まって、「高学年は難しい、やりにくい」と考えられることが多い。

私は一二年間の担任生活において、五年生を四回、六年生を六回担任してきた。その経験のなかで、どのようにすれば高学年の子どもがいきいきと自分らしく学校生活を送れるのかについて常に考えてきた。かつては行事やお楽しみ会で楽しませればいいと考えていたこともあったが、今は違う。学力形成を保障する学級経営を行い、個を成長させることを何よりも大切だと考えている。子どもが学校生活で最も長い時間を過ごすのは授業時間だ。その授業時間において、自分らしさを発揮し、仲間と高めあい、規律や人としてのふるまいを学んでいけるように意図している。その積み重ねが、学校生活全体や実生活も含めて子どもたちに与える影響はきわめて高いといえる。

そこで、本章では次の三つのポイントから子どもの力を伸ばす学級経営について考えていきたい。

(1) 学力格差の問題への試み

一　学力格差の問題

学力の捉え方

学力格差について述べる前に、そもそも学力とはなにかについて考えておく必要があると思う。

「学力向上に向けて！」

これは現場でよく聞かれるキーワードだ。たとえば、私の勤務地である京都市ではジョイントプログラムという独自のテストがあり、全国学力・学習状況調査同様重視されている。こういったテストのため、たくさんの時間をかけて対策をすると聞くこともある。しかし、何か一番大切なことを見失ってはないだろうか。それは、「なんのための学力調査か」という視点だ。つまり、なんのために学力向上をねらうのか。それは平均点を上げるためなのか。平均点を上げるため、過去問をひたすら解き、できなかった子どもは放課後にみっちり補習するだけでよいのだろうか。本章では、私自身が考える学力向上の捉え方と、その方法を学級経営の視点から述べてみたい。

私が小学生だった二〇年前は、テストの点数がそのまま学力として捉えられる風潮があった。学力とは、いかに正確に知識をたくさん覚え、紙に再現するのかという部分に焦点を当てていた。ひたすら覚えて、テストに向けて頑張ることが勉強だと考えていた子もいただろう。ひたすら年号を覚えて暗記する社会科、ひたすら登場人物の気持ちを考える国語。学びの意義を考えることもなかった。

しかし、新学習指導要領では、新たな学力観へとシフトしていくことが明確になった。この先社会は大きく変化していくことが予想される。少子化、グローバル化そしてＡＩの進化などから、今私たちが担任している子どもたちが社会に出る二〇三〇年の世の中は、大きく変化しているだろう。それらの変化の加速に対し、今回の新型コロナウイルス感染症の流行がいっそう拍車をかけた。そんな激動の社会のなかでは、自ら進んで、変化する世の中に関わっていく力が必要である。そして、さまざまな課題に対して人と協力して解決する能力も必要だろう。そういったことを考えると、二〇三〇年以降の社会のなかで、子どもたちが豊かな人生を送るためには、従来の学力観では太刀打ちできないのだ。

そこで新学習指導要領では、「生きて働く知識・技能」「未知の状況にも対応できる思考力・判断力・表現力」「どのように社会や人生に関わるのかといった学びに向かう力、人間性等」の三点を育てるべき資質・能力であるとしている。つまりこれらが新しい時代に向けて必要となる学力となるのだ。これらの資質・能力を全教科でバランスよくはぐくんでいくことが大切なのだ。なぜなら新しい学力が子どもの生きる力となり、子どもが豊かな人生を送ることに直結するからである。

格差の捉え方

高学年を担任した時点で、その学力の格差がとても大きいことに気付く。例えば、ある年に担任した子どもは英検二級を取得していた。さらに英語に磨きをかけるべく、オンラインで海外の人たちとの会話を楽しんでいるそうだ。英語をもっと学びたい、英語を学ぶことでいろんなことができると知ったこの子どもは、ますます英語にのめりこんでいく。ほかにも、プログラミングや絵画、スポーツなどに熱中している子どもも多い。今どきの子たちは本当に熱心だ。放課後の時間や休みの時間をその練習にあてているのだと聞く。

しかしその一方で六年生になっても九九ができない子がいる。ひらがなすら正しく書けない子もいる。そういった子どもは、学ぶ目的も薄く、学ぶことが楽しいという感覚もない。つまり、自らを動機づけて粘り強く学んでいくという学びに向かう姿勢の格差がとても大きいのだ。この格差が、そのままテストでの点数の結果につながっている。

なぜこのように大きな差が生まれるのか。その理由の一つは、家庭環境にもある。塾に通わせたり、習い事に行かせたりと子どもの知的好奇心に応える保護者もいれば、子どものことに無関心な保護者もいる。家庭の教育力がそのまま子どもの学力形成に大きな格差を生んでいるということが言えるだろう。

しかし、ここで私が言いたいことは、「学力格差の原因は家庭が原因。教師には何もすることがない」ということではない。私は、学習経験によって、身に付く資質能力が異なるのではないかと言いたいのである。つまり学力格差とは、子どもだけの責任ではないのだ。それなのに、よく現場では「なんでわからないのか」「最後まで残ってしなさい」と子どもを叱責してしまう。かく言う私も何度もしてしまっていた。子どもは私の言うことを素直に聞き、放課後残り、休み時間も残り……「わからない。できる人たちはいいな」と寂しい気持ちを積み重ねたことだろう。子どもの努力でなんとかできることとできないことを明確に分ける必要があると何度も考えさせられた。

これらのことから今は、「格差はあるかもしれない。しかし、だからこそこの子のよさを引き出して育てる」、そんな気持ちで子どもに接している。格差をしっかり認識しつつも教師はそれを絶対視せず、工夫のやりようがある「違い」ととらえてみてはどうだろう。足りない部分は、その子の伸びしろである。われわれ教師は子どもを育てることが仕事なのだから、伸びしろの大きさを受け止め、精いっぱい育てる必要があると考えるべきではないだろうか。

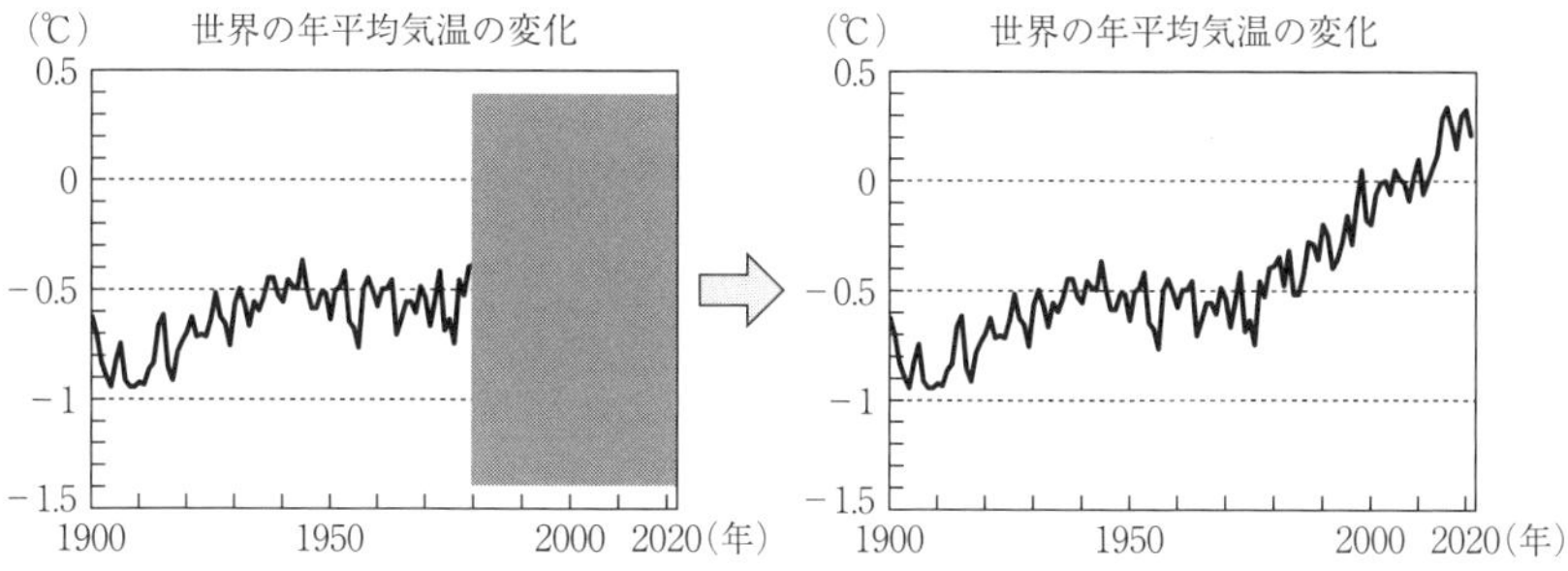

図6－1　説明文のための導入資料①

注：縦軸は基準値からの差（℃）。基準値＝1991から2020年までの30年の平均値。
出所：気象庁ホームページをもとに作成。https://www.data.jma.go.jp/cpdinfo/temp/an_wld.html
（2023年２月20日閲覧）

そこで、私が学級内でまずどの子にも伸ばしたいと考えているのは、「学習に向かう意欲」である。学習に向かう意欲は、見通し×価値で高められるという。[1]「この勉強はわかるかも。こうすればできるかも」という見通しをまずは立てさせる。そして、「この勉強はこんな力を付けるためにするんだな」という価値を子どもに理解させることから始まる。次の項では、学習意欲を高める方法について具体例をもとに述べたい。

授業のユニバーサルデザイン――授業実践の事例から

私は学力の格差を絶対視せず、「どの子どもも学習に参加できるようにするためにはどうしたらいいのか」ということについて常に考えてきた。そこで参考にしたのは、「授業のユニバーサルデザイン[2]」という考え方だ。授業のユニバーサルデザインとは、焦点化（シンプルに）・視覚化（ビジュアルに）・共有化（シェア）という三つの要件を満たした授業を構築することである。その授業を構築することで、学習者の学びに向かう意欲を引き出せる。

例えば、六年生国語科の教材に「自然に学ぶ暮らし」という説明文がある。いきなりこの説明文を読むのではなく、この説明文を読みたいと思えるようにするのだ。ではどうすればよいのだろう。まずは、世界の平均気温のグラフを見せることにした。しかし、後半はあえて隠すことにした（図6－1）。人間は隠されるとそこに注目してしまう。子どもたちはこのように反応してきた。

「気温は上がっているはずだ」

「地球温暖化って聞いたことがあるよ」

そこで隠している部分を見せて、

「温暖化になると困ることがあるのかな。ちょっとこの資料をみてごらん」

と、図6－2のような資料を提示する。みんなにとって困るのはどれかと聞くと、知識のある子もない子もそれぞれの視点で意見を口々に発してきた。

「変な病気が流行るのはいやだ」

「台風や水害も怖い」

そんな意見を受けながら、教師が「このままだと困るよね。実はここに、そんな状況を変えるためにどうすればいいのかについて書いた説明文があるんだけど、どう？」と問えば、「読みたい！」となるわけである。このように、学びに向かう意欲をもたせるのだ。

例えば他にも、社会科の「米づくりのさかんな地域」の授業の例である（図6－3）。

「ここには何がいると思う？」

と問えば、どの子どもも考える。

「牛かな？　馬かもしれない」

沖縄ではサンゴが白化するなど生態系にも深刻な影響がでます。
南方で生息する昆虫類が北に移動する
豪雨が増加する台風の雨量も増える
ブナ林が大きく減少する
真夏日が大幅に増える熱波により、熱中症患者が増加し、マラリアが発生する可能性が高まる。
●人口や産業が集中する湾岸域が被害をうける
●1mの海面上昇で約90%の砂浜が消失する

図6－2　説明文のための導入資料②

出所：全国地球温暖化防止活動推進センターホームページ。https://www.jccca.org/oyakudachi（2023年2月20日閲覧）

図６－３　社会科導入のための資料

出所：ウチノメアーカイブスより。

そこで隠している部分を外す。

「大きい馬だ。馬が手伝っているんだ」

あえて担任は意見をずらす。

「今もそうやっているね」

すると子どもたちは本気になって考える。

「白黒だからこれは昔の農業」

「田んぼで馬なんて見たことがないから、違うはず」

「今は機械とかを使っているはず。きっと今の方が便利」

このような応答を通して、では今はどうやって農業をしているのか調べてみようと学習に入る。この後調べることが明確になるうえ、いつもなら学習は苦手と思っている子どもも目を輝かせ身を乗り出してきた。

これは授業の導入時の工夫にすぎない。しかしちょっとした工夫をするだけで、「知りたいな」「学んでいきたいな」という学びに向かう意欲を高めることができる。クラスのなかの学習に支援が必要な子どもが楽しく「わかる・できる」授業では、「学習に主体的に参加する意欲」という部分での学力差が見えにくくなるのである。そして気になる子どもに対する授業の工夫や配慮は、他の子どもにとっても、楽しく「わかる・できる」授業になるのである。「児童が生涯にわたって学習する基盤が培われるように学習意欲を高める手立てを打つことが他の二つの学力の要素に関わる[3]」と言われていることはこの授業の様子からもうかがえた。

どうすればその問題を解けるのかについて書きながら説明する。

教えたり教えられたりする経験が互いを成長させ，学級に安心感を生むきっかけになる。

図6－4　学び合いの様子

　また、学び合い[4]という手法を取り入れることもある。算数の授業において、

「今日は○ページの練習問題を全員でクリアします」

と伝える。全員達成できるために、何をしてもよいのだ。すると、子どもたちはいろいろな方法を考え出してきた。進んで班をつくる子が現れる。教えてほしいと助けを求める子がいる。温かくよりそって教える子がいる（図6－4）。こんなことをしていては、ますます得意な子と苦手な子の差が生まれるのではないかと思われるかもしれない。しかし得意な子は、今までドリルが終わると何もすることがなくなり退屈していたのだ。それが、自分の能力を他者のために発揮し、感謝されることを喜び、苦手な子にとっては周りからの支援を受けられることをとてもうれしく思える。今まで取り残されていた子どもたちが、この学び方で学習に前向きになり、粘り強く学習し、当然点数にも反映されることになる。

　困っている人にわかりやすく説明しようと考える力や、自分の話し方、ノートの見せ方にも工夫がみられるようになる。互いに関わり合う場面を意図的につくることで、それがさまざまな場面によい影響を及ぼす。

　教えてもらっていた子が音楽や体育の場面では逆に教えている姿も見られる。互いのよさを発揮し合い、学び合う学習は高学年でこそ大切にしたい。

二　学力向上に向けての試み

学級開きの四月

さて、ここまで授業の一部を紹介した。ここからはさらに学級経営に視点を移していきたい。なぜならどんな授業も、優れた学級経営の上でこそ成り立つものだからである。

学習指導要領では、「生きて働く知識・技能」「未知の状況にも対応できる思考力・判断力・表現力」「どのように社会や人生に関わるのかといった学びに向かう力、人間性等」といった点に着目して、育成すべき学力について言及している。つまり、これらの力を授業を通して意図的に育てていくことで、学力向上とともに未来で生きる力を育てることができるのだ。その学力向上に向けての学級経営は、学級開きの日から始まる。学級開きの際、子どもたちになんのために学ぶのかについて考え、その目的を一年間かけて達成していくのだ。

私は数年前より、学級開きの際に子どもたちにこのように問うている。

「君たちは立派な五年生になりたいですか」

多くの子は「はい！」と元気よく答える。そこで、

「そうですね。では、君たちの人生は立派な五年生になることがゴールですか。立派な五年生になれば夢はかないますか」

と問うと、

「いや、もっと先がある」

「社会に出るために勉強している」

「大人になって夢をかなえることが目標」

などと返してくる。そこで、

「先生は立派な五年生を育てることよりも大切なことがあると思っています。それはこの先の世の中でみなさんが自分自身と周りの人々から愛される人に育てることです。そのための土台をつくりたいのです」

と語る。そして、

「みんなは立派な五年生で満足？　それとも、未来に向けて力をつけたい？　どっちかな？」

と問うことで、子どもの思考が一気に未来志向に代わる。ここで大切なのは、子どもからそういった考えを引き出すことだ。教師が一方的に考えを伝えても、子どもの思考力は伸びない。

またこのような話もする。

「みなさんは今日から五年生。このクラスでよかった、友達といっぱい思い出ができた、六年生も楽しみ、と思って五年生を終えるのはＡの道。そして、友達と傷付け合った、なんも成長しなかった、早く卒業してしまえ、なんて言われているのがＢの道。さて、どっちに進みたい？」

このように問う。(5) 四月のやる気満々の子どもたちである。「Ａに行きたい！」と言うだろう。そこで、

「そうですね。先生も同じです。そこでＡに行くために大切にしてほしいことが三つあります」

と言ってこの一年間大切にする学級の指針を伝える。私の場合は以下の三点のことをかかげて一年間貫徹する。

(1)　自己開示＝自分らしさを発揮して、自分で考えて発言・行動する。

(2)　友達と高め合う＝友達と互いに勉強や行事で支え合い、ともに成長する。

(3)　当たり前のことを当たり前に＝掃除や委員会活動、当番などをきちんとする。

この三点に合致する行動を認め、励ます。すなわち子どもをよく見つめ、正当に評価することである。逆に気になる行動であれば、指導もする。こうした自分のなかの明確な学級経営像があれば、学級が安定することにもつながり、それが学力向上にもつながるのであろう。

安心感ある学級づくり

ここからは、学力向上に向けての日常の学級経営についてである。どんなに知識やスキルを持ち合わせている子を集めても、授業中に暴言が飛び交い、互いを傷付け合い、ルールが無効化している学級では、学力の向上は望めないだろう。互いにつながり、自由に意見を交換し合い、安心して学び合える学級こそが学力向上の条件である。そう考えると学級経営が学力の形成を下支えしていることは目に見えている。その上で、どのような学級づくりが学力につながるのかについて述べたい。

学級経営をしていく際に、まずは一人ひとりが安心感を持てる集団づくりが大切である。みんなが自分を大切にしてくれているという安心感があってこそ、学習に集中できる。逆に「みんなは私のことをどのように思っているのだろう」という不安感のなかでは、周りの目が気になって学習にも集中できない。安心感は信頼のおける学級づくりの土台である。ではどのように一人ひとりに安心感を持たせればよいのだろう。それは子どもを教師や友達とつなげることである。

まずは担任である。担任に必要なのは子どもたちに「この先生なら大丈夫。きっと成長できる」と信頼してもらうことである。それは友達のように仲良くなるのではない。あくまで教師として信頼されることが大切である。

そのために心がけていることがある。それは子どもたちに言うことを自分もすること、言行一致である。例えば子どもにもっと努力するよう伝えるなら自分も指導法や授業のあり方を勉強する。子どもたちにもっと自分を出せというのならば、教師が自分をさらけ出す。私はよく自分の身近なできごとや悩みごとを子どもたちに話す。ざっくばらんな会話だが、話を聞いているときの子どもたちはとてもいい顔をしている。

また、子どもたちへのフィードバックである。指導したことがあるならば、その結果どうであったかについて伝えることにしている。例えば、卒業式練習の際、声が小さかった子に対して、もっと大きな声を出すように伝えたとしよう。その際大きな声を出したならば必ずほめる。指導して子どもが努力をしたのに何も評価しないのでは、子どもも「今のでいいのかな」と不安になるであろう。このような場面は日常に無数にある。先に述べた私にとっての学級経営の柱である、「自己開示」「友達と高め合う」「当たり前のことを当たり前に」といった態度に合致したならば、力強くほめたいところである。

そして最も大切なのは、子どもに「あなたが大切」という思いを丁寧に伝えることだ。特に高学年の子どもは客観的に物事を見る力が徐々に育ってきている。そうなると自分を友達と比べてどうなのだろうというように考える。そのことで自分に不安を持つ子が多い。

だからこそ「あるがままのあなたが大切」と伝え続けることが必要だ。目を合わせて一人ひとりの話を聞く。笑顔で語り合う。なんでもない普段のかかわりのなかで「君と話すと元気になるよ。ありがとう」「君がいてくれてうれしい」と伝えるようにしている。これは本心である。コロナ自粛期間中、子どもたちがいない教室がどんなに無機質な空間だったか。そしてつまらないものだったか。子どもたちがいるから、あなたがいるから楽しく幸せに過ごせていることを私自身が認識して以降、こういった声かけが増えた。

さて、ここまで教師と子どもたちの縦の糸について話をしてきた。ここからは子どもと子どもの横の関係について話す。学級開きをした際、子どもたちは驚くほどばらばらだ。担任には関心を示す一方で、横にいる友達には無関心なケースも多い。だからまずは互いを知るための活動を仕組む。その際大切なのは、互いを大切にする方法を示すことである。それは相手の話をどのように聞くのかということだろう。今後互いに会話をする場面は日常でも授業でも無数にある。その無数の場面で相手を大切にした話し合いができれば、互いのことを大切に思えるようになる。

私があえて悪い聞き方のモデルを示すと、子どもたちは違和感や嫌悪感を示したりするので、「どんな聞き方で聞いてほしいの?」と聞くと、さまざまな声が上がってくる。具体的には、目を合わせてほしいこと、うなずいたり相槌をうったりしてほしいこと、体をむけてほしいこと、笑顔でいてほしいことなどである。これらははじめから「聞き方モデル」などとして教師が提示するのではなく、子どもたちに気付かせ、こうしたいという声を引き出すことにこだわっている。このような理想の聞き方を子どもたちと確認しあって、

「じゃあこの聞き方で自己紹介をしよう」

と伝えると、学級の雰囲気がみるみる温かいものになる。笑顔があふれ、話が盛り上がる。そこでさらにもう一言、

「お互いの話の聞き方で上手だと思ったところを伝え合おう」

こう伝えることで子どもは互いの話の聞き方のよさを伝え合い、さらに笑顔になる。このように話を聞くと相手が喜ぶのだということを学ぶ。あとはこの聞き方を授業でも貫徹する。

「みんなが聞いてくれているからうれしい」

「リアクションしてくれるから安心する」

と子どもたちは話す。みんなが聞いてくれるという安心感がそのまま、自分を大切にしてくれるという安心感につながる。そこで初めて子どもが互いにつながるきっかけになるのだ。

授業づくりで学級経営を

安心感のある学級にしていくことが学級経営の土台であり、学力向上の条件であることを述べた。そしてそのつながりをさらに強固にしていくためには授業の改善が必要である。新学習指導要領では「主体的・対話的で深い学びのある授業」への改善を通して「知識及び技能」「思考力、判断力、表現力等」「学びに向かう姿、人間性等」を育成していくことが求められている。

例えば六年生の国語科の学習『やまなし』での授業を紹介しよう。まずはこの単元を主体的に学べるよう、学習を自分たちで計画し、自分事で学習に参加しているという意欲をもたせたい。私はまず子どもたちに初発の感想を出してもらい、一緒に学習計画をたてることにした。感想の視点としては「気に入ったところ」「疑問」「よくわからない」「詳しく読みたいところ」などを示した。『やまなし』を初めて読んだ子どもたちからは、

「なにが言いたいのかわからない」

「二つの月で様子がちがう」

「色彩やオノマトペがいっぱいあって表現がおもしろい」

「賢治が伝えたいことってなんだろう」

といった意見がでてきた。このような意見を取り上げていくと、自分たちが興味をもったところや疑問が引き出され、学習計画ができる。今回であれば、「表現技法」「対比の構成」「主題」などである。このように子どもたち自らが学習計画を考えることが大切だ。その上で、単元を通して賢治作品の並行読書を行い、賢治の世界観をポスターセッションで発表するという単元のゴールを明確に示した（図6-5）。

取り組みのなかでは教材や友達との対話を通して、自らの考えを広げ、深められるように意識した。子どもたちは『やまなし』の学習を進めながら、『銀河鉄道の夜』『グスコーブドリの伝記』などさまざまな物語を読んで

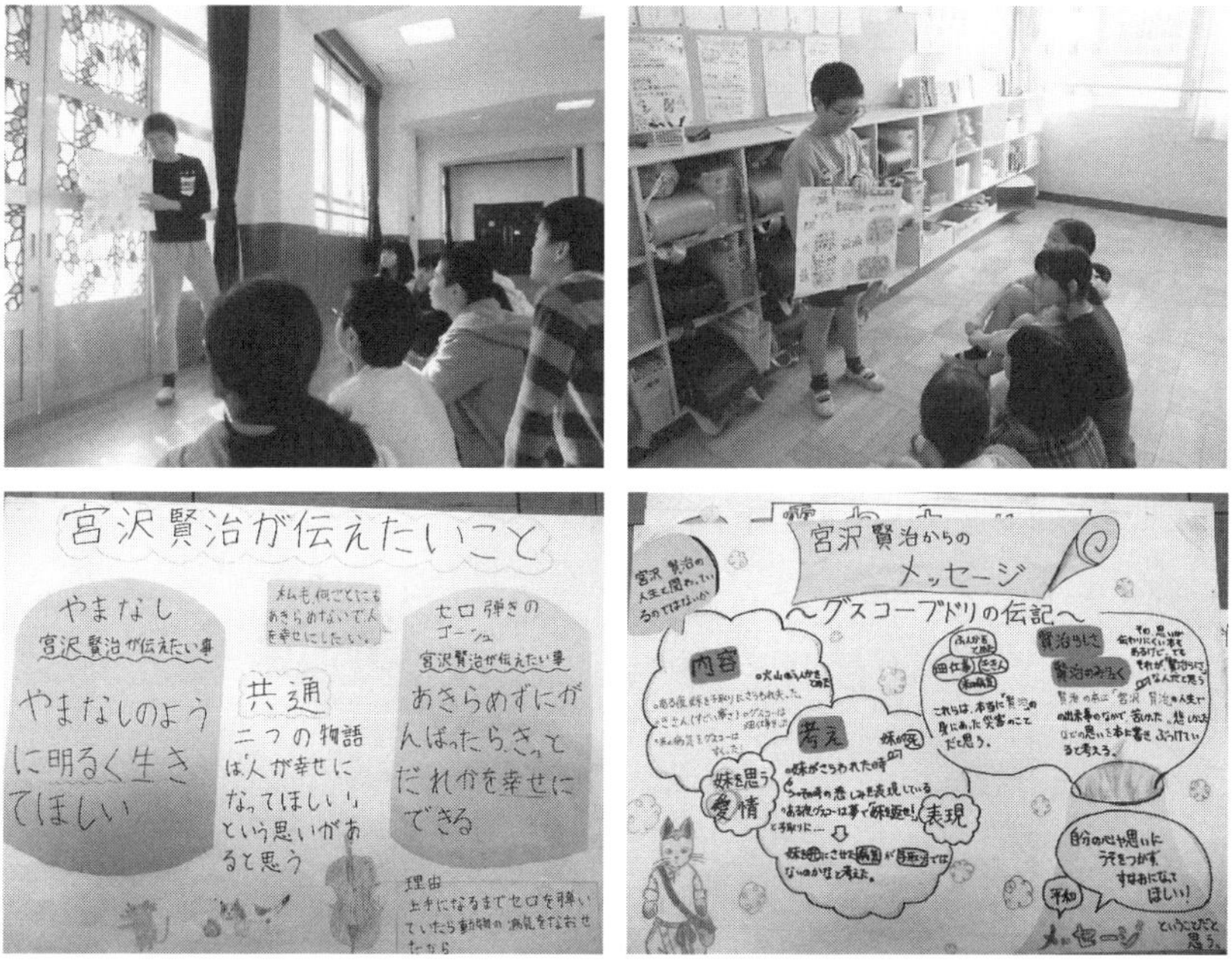

図6－5　ポスターセッション

いた。複数の本を読み、賢治作品の共通点を見出している子もいた。言葉の一つひとつにこだわって読むことで、物語について思考したり、自分の考えを表現したりすることができた。そして、自分が読み取った賢治の世界観をポスターにして友達に伝えた。発表のなかでは「『やまなし』との共通点」「賢治の表現技法」「物語の主題」「賢治からのメッセージ」などについて自分の読みを伝えた。何度もやりとりをしていくなかで徐々に意見に対する感想や質問ができるようになった。

「賢治作品の一番の魅力ってなんだと思う?」

「主題をまっすぐ伝えずに自分たちに想像させるところ」

「確かに自分で考えたり、賢治の生き方と重ねたりするのは楽しい」

「小さな幸せとか苦しくても最後は良くなるって話が多いところがいい」

「賢治は読んでいる人に身近な幸せを感じてほしいんじゃないかな」

「なるほど」

「しかも表現がおもしろいから大人も子どもも読める。例えば……」

このように、子どもの意見がつながっていき、互いの考えが交わっていくやり取りを何度もしていた。「『やまなし』と他の作品との共通点とは」「賢治の人生と物語の内容が重なるところはどこか」「なぜ賢治作品は主題がはっきりしないものが多いか」などといった具体から抽象化した思考による話し合いが展開されるようになった。教科書にものっていない内容を、自分の言葉で答えることができたのである。またほかの友達から刺激を受けて考えが変容していた。このような学びを明らかに楽しんでいる子どもたちの姿があった。

進んで学習に参加し、互いに対話して刺激し合うことで学びが深まっていく。そういう瞬間が何度か見られた。学習の最初は「わけがわからない話」だった『やまなし』。学習が進むにつれて賢治の人生と『やまなし』を照らし合わせるという視点が出てきた。ある子の、

「カニたちのような家族生活を賢治はしたかったのではないか」

という発言からだ。すると他の子どもたちからも、

「『五月』にやってくるカワセミは妹を奪った病気を表している」

「賢治の人生の前半は災害に襲われたから、前半の『五月』は賢治の人生の前半のようだ」

などの意見が出た。「十二月」の学習では、

「こんな和気あいあいとした家族を賢治は望んでいたのかな」

「妹を亡くした賢治は「十二月」のような普通の暮らしのありがたさを伝えたいのかな」

などと話し合った。学習に進んで参加し、友達や教材と対話して互いに刺激し合い、新たな考えを持てるようになる……そういった姿が見られた。

単元を通して話し合うことで、自分の意見の広がりや深まりを認識するようになる。自分たちで学習課題を立てたり、互いに話し合って解決したりする経験を積み重ねると、どんな教科だって同じように進んで学習できるようになる。するとさらに三つの学力は向上していく。仲間と話し合ったり、学び合ったりすることに喜びをおぼえ、高学年ならではの学びの支え合いになるのだ。

三　中学校との接続について

六年生を担任すると、「立派な卒業をするために頑張ろう！」「卒業に向けてどんな姿になりたい？」などと卒業式を意識した取り組みが多くなる。私はこれらのことも大切であると考えているが、それ以上に大切なのは、児童に卒業式の向こう側を意識させることであると考えている。「中学生になったら何がしたい？」「どんなことを頑張りたい？」「不安なことはある？　あるとしたら今からできることは何？」というように中学生になった自分を想像し、今できることについて考えたり、取り組んだりすることの方が大切である。そして私がよく問うのは、

「残り一〇日で卒業。この一〇日をどのように過ごしたい？」

ということである。教師が持つ答えを一方的に教え込んでも、子どもは思考しない。自分で思考し、納得すれば行動できる。先のように問うと、

「毎日を大切にしたい」

「思い出に残る日々にしたい」

などと答える。そこでもう一度「それにはどうすればいいの？」と問うのだ。すると子どもたちは、

「自分から友達を助ける。よいと思ったら行動する」

「友達と助け合って、成長する」

「当たり前のことを当たり前に最後までやる」

などと答える。そこで子どもたちは、これまで積み重ねてきたことを継続することが大切なのだと気付くのだ。そして、これらのことにはゴールがない。中学生になっても、高校生になっても、社会人になっても……。他者の力を借りて、協同する経験を積み重ねたことで、これらの土台をつくってきたのだと伝えるといい。

また卒業時期には中学校との連携行事も増える。部活動体験や中学校教諭の出前授業、中学校での授業体験や先輩たちとの交流などさまざまである。それらを積極的に活用するのもよい。「君はなんの部活に入ってみたい？　楽しみだよね」「国語の授業体験どうだった？　盛り上がっていたね」「先輩は生徒会入って成長していたな。君もそんな風になれるかもよ」などと、中学校に対する明るい展望を持てるような声掛けをするのだ。また、担任自身が中学生時代に楽しかったことや思い出に残っていることを積極的に伝えることもよい。「中学校って楽しいかも」「なんだか楽しみだな」、そんな気持ちになってもらえるように心がける。

子どもたちの多くは環境の変化に少なからず不安を持っている。小学校で六年間過ごした自分の環境が大きく変わる。すでに不安でいっぱいの子もいる。かくいう私がそうだった。だからこそ、

「君たちにとって、六年二組が人生最高のクラスになってほしくないのです。来年はもっと成長して、もっと楽しい一年にしてほしいからです。その先はもっともっと……とつねに自分を高めていけるようにしてほしいです。今以上に自分を成長させるためには、環境を変えて新たな出会いをすることが必要です。新しい学校には、新しい友だち、先生、部活などのたくさんの希望が待っています」

と伝えた。中一ギャップという言葉もある。小学校時代に当たり前に登校できていた子が、中学校進学後に不

登校になることもあるのだ。担任との相性、学級への慣れ、授業の難しさ、システムの変化……原因は多様である。しかしこれらのことに対して小学校の担任として何ができるのか。おそらく中学校進学後に小学校担任にできることはないだろう。だからこそ六年生の担任としては、進学後に何をプレゼントしてあげられるのかを考えなくてはならない。

そのことを考え続けた結果辿り着いたことが、私にとっての学級経営の柱である「自己開示をする力」「友達と高め合う力」「当たり前のことを当たり前にする力」を伸ばすことである。一年間かけて何度も何度も子どもに、伝え、見出し、積み重ねてきたこれらの力は卒業した瞬間なくなるものではない。むしろ小学校卒業のその先に活きるものである。困った時は助けをよべばいい。小学校で高め合う経験を積んだ子どもたち。必ずその悩みに答えるだろう。勉強のことや学校のさまざまなことに対して一緒に乗りこえてくれるだろう。自分から進んで行動することを積み重ねた子どもたち。部活も勉強も自分事として楽しむだろう。自分から発言したり、人の話を丁寧に聞くことを積み重ねたりしたのだ。進学後の学級の雰囲気もきっとよいはずだ。また、楽しいことばかりではなくて掃除や生徒会などのこともあたりまえのようにやるだろう。当たり前のことを当たり前にすることのよさを味わい、継続したのだから。

このような力があれば、中学校でも高校でもどこでもやっていけると信じている。どんな資質・能力を付ければ、子どもの未来が明るいのかについて見通し、指導することも六年生の担任には必須の力といえるのだ。

四　子どもの未来を見据える指導を

私はいつも目的志向で物事を考えるようにしている。「この指導は何のためにあるのか」「この子は何を求めてこのような気になる行動をしているのか」といったように、何のためにするのかということを考える。そこで学級経営とは何のためにするものなのかと考えると、「子どもが誰からも愛される大人になる土台をつくるため」という答えが出てきた。縁あって一年間担任する子どもたちを、未来を豊かに幸せに、いきいきと生活できる人間に育てたいと強く願っている。しかし、未来は楽しいことばかりではないことを、私自身経験してきた。何度も挫折を味わってきたし、うまくいかないこともたくさんあった。そしてこれからの未来は誰にも予測できないくらいに大きく変容していくだろう。

そのような未来を生きる子どもたちを幸せにするにはどうすればいいのかと考えると、自分が小学生の頃に受けてきたような点数化される学力だけではだめなのだと理解した。だからこそ、目には見えない広義の学力も大切だと考えているのだ。自らを動機づけて粘り強く学びに向かう力や、学んだことを他者と協同で練り上げる力などである。そういった目には見えない学力を育むには、安心感と信頼感に満ちた学級経営が土台となる。互いを認め合い、支え合い、ともに伸びていく学級を、授業を通してつくっていく。授業のなかで、自ら課題を発見したり、友達と一緒に解決したり、互いの頑張りを認め合ったりするのである。そのような積み重ねは、目に見えない学力を育むだけではなく、目に見える点数としても現れる。そして、自信を持った児童はいきいきと中学校へ、そして未来へと巣立っていく。こういったイメージを持って学級づくりを行っているのだ。私の想像したイメージを超えていく子どもたちの姿を見ることは、私にとって心から幸せな瞬間である。

教師が子どもたちの未来を見据え、育てたい資質能力を明確に持つ。どうすればその資質能力が育つのかを考え、授業実践を行っていく。子どもたち一人ひとりを大切に思い、愛情を注ぐ。その日々の積み重ねこそが、私にとっての学級経営のポイントである。

Ⅱ　中学校

はじめに

中学校の学級経営をどう読むか

みなさんは全国にある中学校数や学級数をご存知だろうか。また、中学校の学級経営に一つのベストモデルはあるのだろうか。

文部科学省の学校基本調査（二〇二一年度）では、全国には約一万校の中学校（国公私立の合計）があり、約一四万の学級（単式・複式、特別支援の合計）があることがわかる。当然、地域、規模、学級状況や解決すべき課題が異なり、その一四万の学級を舞台にして、今日も一人ひとりの子どもたちを「主語」にした個性的で挑戦的なドラマが紡がれている。

同時に、中学生の学級への願いを背景に、共通的な実践と風景が広がっているのも事実である。学級の子どもたちに「どんな学級を期待するか」と問いかけると、例えば、「明るく楽しく笑顔のある学級／多様性や協働性が尊重される学級／安心感ある居場所としての学級／仲良くいじめがない学級……」等、〝ほどよい〟広がりと深まりが感じられる人間関係や居場所感に関する言葉が共通して返ってくるのではないだろうか。

ところで、一〇〇年に一度と称され、歴史に刻まれるコロナ禍（二〇二〇年～）は、学校が果たしてきた意味と役割をも浮き彫りにしてくれた。しかし、同時に、以前からあった学校をめぐる問題や脆弱性を顕在化させたのも事実である。

中央教育審議会答申（「『令和の日本型学校教育』の構築を目指して」二〇二一年一月二六日）では、「学校は、学習機会と学力を保障するという役割のみならず、全人的な発達・成長を保障する役割や、人と安全・安心につながることができる居場所・セーフティネットとして身体的、精神的な健康を保障するという福祉的な役割をも担っている」と、学校の果たしてきた意味を再確認している。中原淳も『学校がとまった日』（二〇二一年）で、異例の全国一斉休校時の実証的なデータ分析をとおして、学校が「健康保障」「つながり保障」「学び保障」の三つの機能をもつことを明らかにしている。

ただし、中原は同書で、「元気がないときに励ましてくれる人」「悩みや不満を聴いてくれる人」「悩んでいるときにアドバイスをしてくれる人」「雑談して笑い合える人」が「いなかった」（サポートが得られなかった）と回答した高校生が各項目とも約二〇％いることや、「学校での受容感」（学校生活を楽しんでいる、学校で他者との関係を築けている）が、学びの継続（学習時間、成長実感）や心身の健康（ストレス反応）に大きな影響をもたらしていることを析出している。国立成育医療研究センターの「コロナ×子どもアンケート」の第四回調査報告書（二〇二一年二月一〇日）の「中等度以上のうつ症状があるのは、小学四～六年生の一五％、中学生の二四％、高校生の三〇％」という衝撃的なデータと重ねると、そのとき、私たちに「子どもたちが見えていたのか」、そして今も「見えているのか」という問いが突き刺さる。

こうしたコロナ禍で明らかになった学校の役割や機能は、本編のテーマである学級経営と相似形であると同時に、学級の担任や子どもたちの人間関係だからこそ実現できる独自の役割や機能を示唆してくれる。

なお、現在、義務教育九年間を見据えた小学校高学年からの教科担任制の本格導入が進められようとしている。そのことに関連して、教科担任制のもとでの学級担任に関わるエピソードを一つ紹介したい。

かつて、職員室の私の隣の席で教員生活をスタートさせた新卒の女子体育の先生から「私のクラスの男子ってどんな様子ですか、正直、男子の人間関係も見えないし、気持ちもよくわからないのです」と相談された。私はその時はじめて、授業では学級の半分（女子）しか教えない先生や子どもたちとの接点が少ない単位数の教科を担当している先生方を意識した。しかし、その女子体育の先生は、逆に、私たちが気づかない・見えにくい女子の人間関係をきわめて早期に、そして、的確に読み解かれ、その結果、学年内のさまざまなトラブルを丁寧に指導することができた。それ以来、私たちは、「学年担任」という視点と実践を共有しながら学級・学年経営を進めていったのである。

学級経営は「小中」で括られることが多いが、小学校の学級担任制と中学校の教科担任制のもとでの学級経営とでは見える風景が異なる。チームとしての視点、協働性の内実が鋭く問われていて、「学年担任」が真に機能すれば、一人ひとりの力は足し算ではなく、かけ算になる。協働的な組織力で達成した生徒理解と信頼関係は、一人で達成する生徒理解と信頼関係よりも広くて深いものになる。

さて、この第Ⅱ部では中学校の実践事例を紹介する。紹介する三人の事例はアプローチも異なり多様だ。しかし、子どもたちを「主語」にして〝伴走〟する学級経営を志向し、子どもたちの「事実」に真摯に向き合い寄り添う姿勢は共通している。また、「思春期の子どもたちは見えにくい」という自覚をもつがゆえに、思春期のドラスティックな変化が引き起こすさまざまな問題行動や人間関係のトラブルを子どもたちと一緒に考え読み解くことで、生徒の成長につなげようとしている姿勢も共通している。

その際、一見、厳しい否定的な事象の中にも、それを克服する肯定的な要素を見つけ出し、ピンチの局面をチャンスに切り替えるのは、単なるハウツーではない子どもたちへの共感的な眼差しと想像力、子どもたちの「見方・考え方（人間観、哲学）」であることが伝わってくるのではないか。

第七章は「『A男の変容』を通して考える学級経営の本質」と題した事例で、一人の生徒に焦点をあてながら物語風に紹介される。二年生時、「私の失敗」と言わしめ、学級の低迷の〝元凶〟となったA男とB子を、柳内は三年でも引き続き担任する。誰もが期待と不安で迎える四月の出会い（学級開き）の日、「A男は私の話を初めて会った人の話を聞くようにして聞いていた。今にして思えば、私の決意が伝わったのかもしれない。私はこのとき、A男は変わりたがっている、自分を変えたいと思っているのではないかと感じた」との描写が印象的である。二年生時に暴力をふるった相手である担任が、三年でも引き続き担任として目の前にいる意味をA男は敏感に感じていた。

私たちは、大変な生徒を担任することを、できることなら避けたいと考える。しかし、柳内のA男から逃げず、見捨てず、真正面から対峙したその一場面は、学級経営の本質が凝縮されており、その後の展開を予想させる瞬間であった。そして、その後の学級の物語（ドラマ）から、ぜひ、「学級担任って、大変だけど、やっぱり素晴らしい」という醍醐味を感じてほしい。また、A男に焦点をあてた記述であるが、一人ひとりを見ることは学級全体を見ることにつながることも理解していただけるだろう。

さらに、柳内は、個と集団の関係を考察しながら、何のために学級があるのかを問いかけている。特に、中教審答申（前掲）のキーワードである「個別最適な学び」とは、個に応じた指導を学習者の視点から捉えたものであるが、〝個別最適〟という言葉だけが一人歩きし、学級の意味や価値が忘れられないかを懸念している。「個別最適な学び」の追究と、「協働的な学び」を実現することとは決して二項対立的な関係ではない。相乗的な効果が促進されるような学級経営こそが必要ではないか、と問いかけている。

第八章は「学級経営の基盤となる生徒理解と信頼関係・自己指導力」である。

湯浅は現在、校長職の任にあり、学級担任では見ることのない「保健日誌」や担任との丁寧な相談を通して、生徒理解や人間関係・信頼関係の構築を深めるために大切にすべき「見方・考え方」を提案している。

冒頭で、斎藤喜博の「教育とか授業とかにおいては、『見える』ということは、ある意味では『すべてだ』といってもよいくらいである」という言葉を引用し、見えるためには、多面的・多角的な視点に立つこと、また、見えることで、担任ひとりで背負っていた重荷の軽減につながるだけではなく、生徒や保護者との信頼関係の構築にもつながるのではないか、と問いかけている。また、信頼関係の構築に向けて、教師間で共有化しにくい暗黙知としての違和に気づく「感性」の重要性や、先手を打てば「丁寧な『説明』」、後手に回れば「すべて『言いわけ』」という表現で先手必勝を説く。

さらに湯浅は、不登校生徒等、担任から一番〝遠い〟ところにいる生徒に焦点を当てた学級経営は、すべての生徒にとって「居心地の良い場所」を提供することにつながると語る。また、学級経営においては、ハウツーに依拠するのではなく、生徒の成長や変容のため、生徒のゴールイメージを明確に持った自己指導力の育成に資する「仕掛けづくり」や「目標が達成された姿の見取り」について考えることを大切にしてほしい、と提唱する。現在進行形の渦中にいる担任では見えにくい事実とその意味を、校長の立場から読み解いた八つのケースを紹介する事例である。最後の「子どもたちの心のなかに、卒業後も『生きる力』につながる『記憶』を刻み込みたい」という言葉が深く沁みてくる。

第九章は「主体的に生きる生徒を育む学級経営」である。宇川は、現在、高等学校の教員であるが、これまで公立の「中学校」「中高一貫校」「高等学校」の勤務経歴をもち、中学校一年から高等学校三年まで全学年で担任を経験してきた。この事例では、そのキャリアを生かして、中学校と高等学校の比較から学級経営の共通性と固有性を、具体的な実践事例を通して考察しており、その結果、第Ⅱ部のテーマである「中学校」の学級経営の特質を鮮明にしていると考える。

高等学校にはさまざまな中学校出身の生徒が集まることは想定できるが、「四〇人学級で、三五の中学校出身の生徒を担任したこともある」との記述に、中学校教員には新鮮な驚きがあるのではないか。発達段階、通学区域、個人の進路希望などの違い、その多様な生徒の集まりのなかで、

はじめに

どのようにして学級の信頼と人間関係を創り上げていくのかという貴重な実践は、中学校における生徒間の人間関係、教師と生徒の関係性の問題を逆照射する。

宇川は教科担任制の中学校と高等学校では、同一手法で生徒理解と学級づくりを進展させることができると語る。例えば、班ノートや定期面談などの手法は学級の状況・情報把握や生徒理解を深めると同時に、あたたかな生徒同士の関係性、生徒と教師の関係性を築くことにもつながると指摘する。「一対一」の面談（省察と共感のある対話）の意義も再認識させられる。高校生からすると、担任が自分の思いを真剣に受けとめ向きあってくれる機会となるので、面談を楽しみにしている生徒が多いという。ただし、手法は形式だけ模倣しても成果は生まれない。実践の目的と意味に共感が生まれたときにはじめて、その手法に命が吹き込まれる。

今や高校進学率は九八・九％（二〇二一年度）の時代である。中学校よりさらに生徒との接点が限定される高等学校での工夫された実践から学ぶことは多い。また、一人で生活しているなかでは気づかないけれども、学級というコミュニティがあるからこそ気づくことができる生き方や価値観、適性や力量が、進路選択に大きく結びついていることについて触れている。小学校から高等学校に至るまで、学級担任にどのような力が求められているのか、学級の特別活動が進路指導にどのようにつながっているのかなど、目先の進路ではなく、遠くを見つめながら、生徒が主体的に活動していくことの重要性をキャリア教育の視点から検討している。

それでは、子どもたちの「事実と願い」を読み解き、中学担任が直面する思春期の生徒理解、関係性の構築、進路問題、保護者との連携などに、三人がどのように迫っていったのかを一緒に考えていきたい。あらためて、子どもたちの願いの実現を「原点」（出発点）とし、希望と未来ある学級経営につなぐことができたら、と考える。

第七章　「A男の変容」を通して考える学級経営の本質

コロナ禍の全国一斉休校は、学校のあり方を問い直した。オンラインによって学べる環境があれば、登校しなくても学習することができる。そこに学級はあっても学級経営はない。今、日本の教育に学級経営は必要なのか。この問いに筆者の実践をもとに答えようとしたのが本章である。

本章では、小学校の頃からすぐにカッとなる性格で、中学一、二年では級友とのトラブルや授業妨害を頻繁に起こし、教師の指導がなかなか入らない生徒であった「A男の変容」を取り上げる。A男は卒業式前日、学級に向けたスピーチで「一、二年の時の俺とは全く違うことをしてきたと思う。そうさせてくれたのは、このクラスだったからやと思う。一年間、本当にありがとうございました」と述べた。なぜ、「A男の変容」は起こり得たのか。A男の変容の根拠を読み解くことで、学級経営の本質に迫りたい。

一　今、求められる学級経営とは

「個別最適な学び」が声高に叫ばれる今の学校において、学級には何が求められているのだろうか。そもそも今、学級は必要なのだろうか。コロナ禍で不登校生徒がオンライン授業に参加することができたという報告を耳にする。学級という「枠」がないほうが、「個別最適な学び」が実現できると考える人がいるのが現状だろう。しかし、それでも私は、学級は必要だと考える。学級は、「人間関係形成」、「社会参画」、「自己実現」といった学習指導要領に示された特別活動の視点に必要不可欠であり、それらの視点は一人では持つことが難しいからである。

不登校が増加しているのは、学級があるからではなく、現状の学級経営に問題があるからではないだろうか。「多様性」を認められる今の時代に、生徒に「同質」を求めるような学級経営をしていたとしたら、生徒が息苦しさを感じるのは当然のことである。今、学校には、どのような学級経営が求められているのだろうか。ここでは、私（筆者）の実践（学級の事実）をもとにして、「令和の日本型教育」に求められる学級経営について考えていく。

前年度の「私の失敗」

「先生！　A男とB子が大変です！　早く来てください！」

給食の準備中のことだった。私が手洗い場の前に急行すると、取っ組み合いのけんかをしているA男とB子の姿があった。どうにかA男とB子を引き離したものの、二人の興奮は収まらない。そこに別の教師も駆けつける。事が大きくなりそうだと感じたのか、A男とB子は無言でその場を去っていった。やれやれと思い、集まってきていた他の生徒を教室に戻していると、床に無数の髪の毛が落ちている。B子の頭髪であった。A男はB子の頭髪をむしり取っていたのだった。もちろんB子も負けてはいない。後でわかったことだが、A男の腕には生々しいひっかき傷が何本もあった。中学二年生、学年男子のトップ（課題が大きいという意味での）A男、女子のトップB子を同じクラスで担任していた四月の出来事であった。

Ａ男は、小学校の頃からすぐにカッとなる性格で、中学一年では級友とのトラブルや授業妨害を頻繁に起こしており、教師の指導がなかなか入らない生徒であった。Ｂ子もまた、小学校の頃は学級崩壊の「首謀者」で、中学一年の学級担任は学級経営にひどく苦労していた。Ａ男もＢ子も、学年の他の生徒から恐れられる存在であった。

Ａ男とＢ子のトラブルは、保護者等を交えた事後指導を経て、一定の収束を迎えた。ただ、Ａ男とＢ子の関係性は依然険悪なままであった。Ａ男とＢ子の険悪なその関係性は、学級の雰囲気にも影響をもたらした。給食中は学級内に会話がなく、食器と食器が触れ合うカチャカチャとした音だけが響いた。授業中の発言も極端に少なく、発表などもほとんどなく、指名されれば発言するといった具合であった。私は担任としてなんとかこの状況を打破しなければと思い、Ａ男とＢ子にあの手この手でアプローチを試みたが、上手くいかなかった。

有効な手立てを打てないまま二学期となり、行事の季節を迎えた。学級は一時の無言状態を脱していた。Ａ男とＢ子に関しても級友を介して教室内で会話する場面も見られた。ただ、逆に授業内での私語が目立つようになった。特にＡ男は私の授業において不規則発言をし、それを注意した私の発言の揚げ足をとるといったことを繰り返すようになった。他の授業担当者からも授業中のだらけた雰囲気を心配する声が聞かれるようになっていた。

事件はそんなときに起こった。

合唱コンクールを一週間後に控え、学年六クラスが体育館に集結しリハーサルを実施していた時のことだった。リハーサルは本番同様に学級ごとに順にステージで合唱するというものであった。そこでＡ男は、なんと歌っている途中にステージから降りたのであった。学年の生徒全員が見ている前でである。私はあわてて、そのまま体育館を出ていこうとしたＡ男をつかんで止めようとした。その時であった。Ａ男は自分をつかもうとした私にカッとなり、私の頬を思い切り殴ったのだった。Ａ男はそのまま私を振り切り体育館を出ていった。私は、学年のみなが見ている前でA男に殴られたのであった。

事後指導では、対教師暴力ということで保護者呼び出しとなった。A男の保護者は私が先にA男をつかんだことが原因だと主張した。根っこには、私がA男と信頼関係を築けていないことへの保護者なりの不満があったように思われる。一定の理解を得ることができた話し合いではあったが、話し合いの途中、A男は私の方を一切見ようとはしなかった。

この学級は結局三月の学年末まで、この一件を引きずることになった。A男は私が担任である学級のために行動しようとはしなかった。学級は結局最後まで集団としての高まりを見せることなく解散となった。私は担任として、この件を解決できなかっただけでなく、学級の集団形成を進め、それによって個々を伸長させることができなかったのである。

二　三年生になったA男と学級の一年間

ここからは、前年度の「私の失敗」をやり直そうとした筆者の視点で、三年生になったA男とA男が所属する学級の事実を当時の記録をもとに物語風に振り返ることで、学級経営に求められるものを考察していきたい。

学級が成長するしくみ

私は中学三年生の担当として学年を持ち上がり、引き続きA男の担任をすることとなった。これは、私たっての希望であった。自信などあるはずもなかった。ただ、このままA男を持ち上がらなければ、A男は見捨てられたと感じるのではないかと思った。それだけは避けなければならない。そしてそれは、B子も同じである。A男を担任し、B子は担任しないという選択は私にはなかった。A男に負けず、B子も一年間で大きく変容するのだが、ここではA男の変容を中心に見ていくことにする。

私は集団の教育力でA男を成長させようと考えていた。前年度、担任の私がA男に直にアプローチし続けたが上手くいかなかった。個にアプローチする前に、まず集団に、学級にアプローチする。集団の成長が個の成長につながると考えた（図7-1）。そのためにも、A男が居場所を感じるような学級、いやA男だけでなく学級の全員が自分の居場所があると実感できる学級を、まずはつくろうと心に決め、勝負の一年をスタートさせたのだった。

出会いの日、学級一人ひとりを前にしての所信表明で私は次のように述べた。

「三月、卒業式の学級解散のとき、一人残らずこの学級でよかったと思えるクラスにする。そのために、まずはこの学級が全員にとって安全で安心な場所になることが大切です。みんなでそれをつくっていこう」

このとき、A男は私の話を初めて会った人の話を聞くようにして聞いていた。今にして思えば、私の決意が伝わったのかもしれない。私はこのとき、A男は変わりたがっている、自分を変えたいと思っているのではないかと感じた。

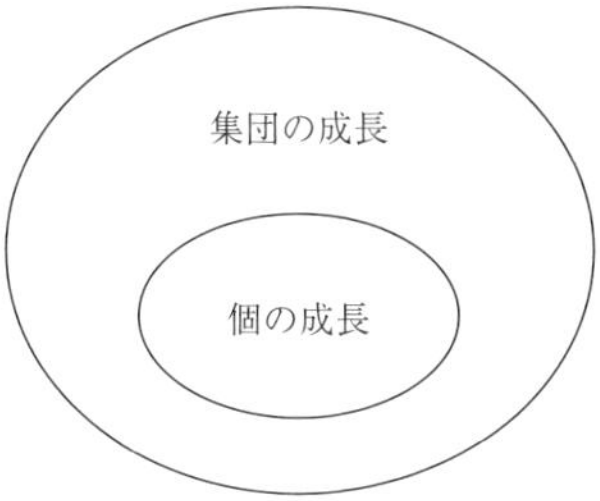

図7-1　集団の成長⊃個の成長

出所：筆者作成。

四月、学級は混沌とし、生徒は緊張している。誰もが、一年間この学級でやっていけるのだろうか、友達はできるのだろうかと不安感でいっぱいである。この不安感をそのままにしておいても、いいことは何もない。不安感を抱えた者同士が集まり、不安感を消し去るために周りを攻撃し自分たちを正当化したりする。足の引っ張り合いが起こるのである。

これを防ぐために有効なのが、レクリエーション等による楽しい雰囲気づくりである。学級開きでよくレクリエーションをするが、それには、不安と緊張を和らげ、足の引っ張り合いを防止する目的があるのである。昨年度は、いきなりのA男とB子のトラブルで、目的を意識してレクリエーションができなかった。今年度は、学級に蔓延する不安感を取り除くという目的に沿ってレクリエーションを実施することができた。

　不安感が和らいだところで、学級に、日直や給食、掃除等の係や当番活動等の学級を動かしていくためのルールを提案した。ルールがあるから学級は混沌から脱し、それが安心・安全の土台となる。ただ、ルールが学級に定着することは簡単ではない。なぜなら、学級にルールが定着するということは、すなわち、学級の生徒全員がルールを守っているということだからである。昨年はこれができなかった。A男は係や当番活動を一切やらなかった。やらせることができなかった。ルールを守らない仲間がいる学級に安心・安全は生まれない。前年度の学級は、結局ここで止まってしまった。集団形成の先に進めなかったのである。

　学級は進化する。五段階くらいに。そして、それは順番にしか進めない。AからEへと一気に進化することはできない。

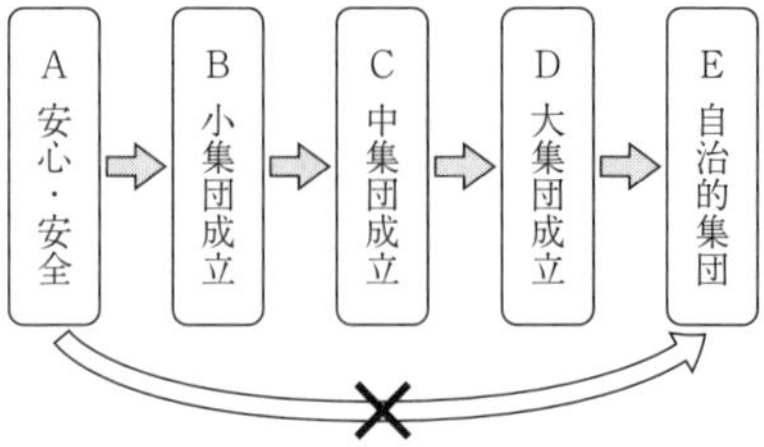

図7－2　学級の成長段階

出所：河村茂雄『学校管理職が進める教員組織づくり』2017を参考に筆者作成。

　これは今にして確信している学級集団形成のしくみである（図7－2）。学級の成長には段階があり、その段階ごとに指導を変える必要がある。同じ指導をしていれば学級はAという状態のままである。Bの段階に行きたければ指導を変えなければならない。そして、集団は一気に成長することはない（時には、逆戻りすることもある）。必ず段階を追ってしか成長しないのだ。

考察　われわれ教師の仕事は、子ども一人ひとりの力、個々を伸ばすことである。これは大原則である。よって、「個別最適な学び」の善悪は議論にはならない。個に応じた教育をしなければならないのは明白である。ただ、教師が生徒に対して、一対一で教育活動をすることはさまざまな理由（教育的効果の面や費用の面等）から困難なため、教師は三五人程度の集団を担当する。それが学級である。よって、いきなり個にフォーカスすることはできない。いきなり個にフォーカスすれば学級は統率されずに「群れ」となり、安心・安全が失われる。まず学級集団にアプローチし、学級集団の段階を進化させ、学級集団を安定させることではじめて、教師は個にフォーカスすることができる。個々の成長は学級の成長とともにある。筆者はこのことを前年度の「私の失敗」から学んだ。そして、学級は必ず段階を追って成長する。段階を飛ばして一気に成長することは難しい。安心・安全がない学級が真に協働することはできない。学級の初期、一学期間のテーマは安心・安全である。個にフォーカスするために学級に、安心・安全を醸成するために全力を尽くすのである。

集団の教育力でA男の行動（事実）をつくる

A男にルールを守らせなければならない。どうしたものか。私は、所信表明のときにA男の態度に見た一筋の光を信じたかった。A男が変わろうと一歩行動した、いや、行動しようとしたその瞬間を見逃さないと決意していた。A男は中学に入学してから給食当番をほとんどまともにやったことはなかった。勤務校では給食当番はエプロンを着用しなければならない規則になっていたが、A男はこれまでエプロンをつけたことがなかった。

私はここでも集団の教育力を生かそうと思った。これこそが学級が存在する意味の一つだからだ。ルールを提

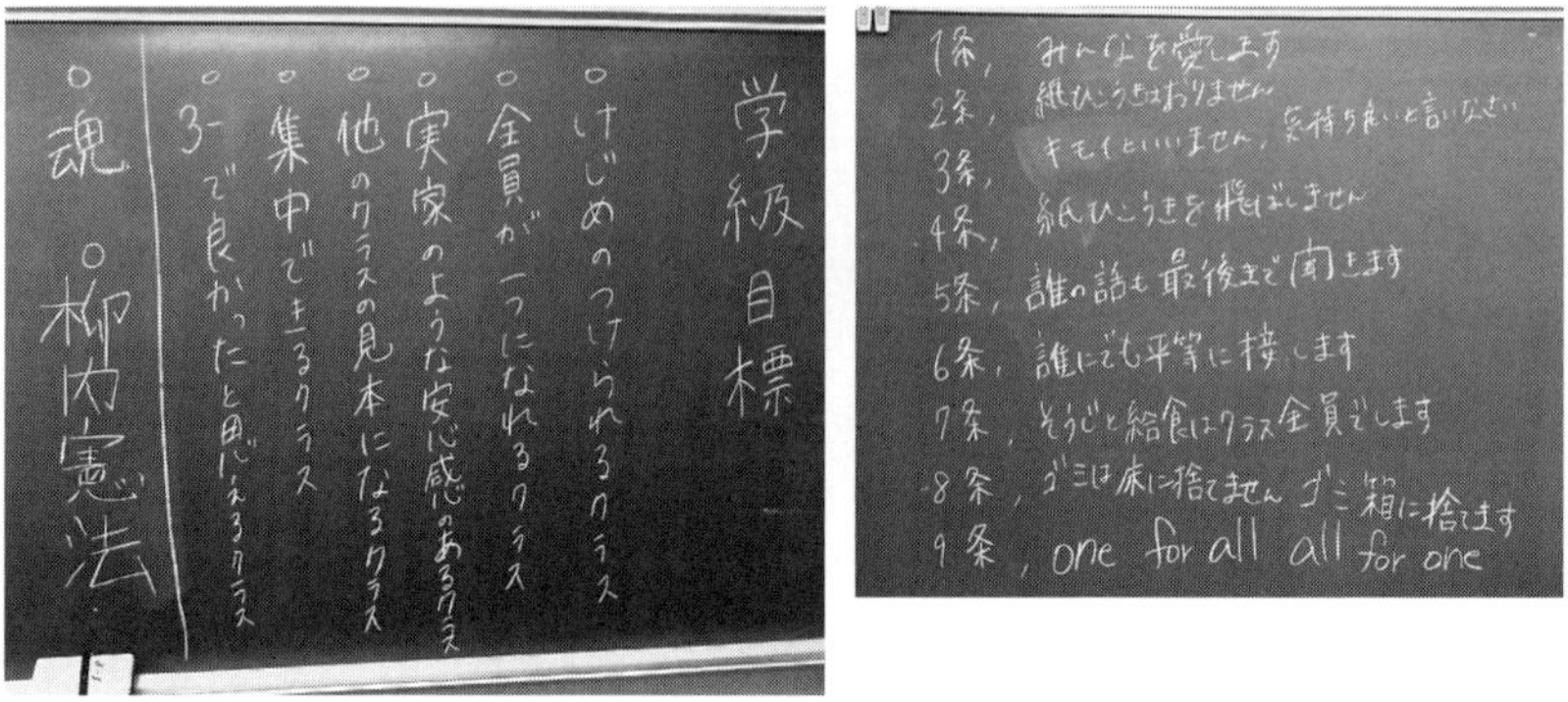

左が目標、右が手段（随時追加されていく）。

図7－3　学級会で決定した学級目標

案することと同時に行ったのは学級目標決めだ。学級に目指すべき目標がなければ集団ではなく群れで終わってしまう。自分たちがどのような学級を目指すのか、三月卒業の学級解散のときにどのような姿でいたいのか、そのために何をしていくのか。これらのことを、全員の意見を吸い上げ、全員の合意形成のうえで決めなければならないと思った。自分の意見が入っていることで自分事になるだろうし、皆で決めたことだから、学級目標に反する行動をとれば学級に迷惑がかかると感じるだろう。逆を言えば、自分の意見が入っているから学級目標の実現に主体的に取り組めるし、学級目標の実現に尽力できれば、自己有用感が高まる。

以上のことを考え、私は学級目標決めに臨んだ。事前に全員に（もちろんA男にも）前述の、「自分たちがどのような学級を目指すのか」「三月卒業の学級解散のときにどのような姿でいたいのか」「そのために何をしていくのか」を書かせておいた。それらをもとにした生徒司会の学級会では、活発な意見交流がなされた。A男も何度か全体に向けて発言した。かくして、学級目標は図7－3のように決まった。

A男が当番の前の週、A男の母に電話をした。エプロンを持たせてほしいとお願いした。A男が給食当番のその日、A男はエプロンをつけ、給食当番としてその役割を果たした。図7－4がそのときの写真である。私はA男をほめにほめた。学級通信で大きく取り上げほめた。保護者に

図7－4　給食当番をするA男

連絡して家でもほめてほしいと伝えた。校長先生に連絡して、校長先生からもほめてもらった。A男は一週間給食当番をやり切った。

そして、驚くべきことが起こった。なんとA男が掃除をしたのだった。どちらも、まともにやるのは小学校の頃以来であろうか。このことは、学級に大きな影響を与えた。A男の変化に級友の誰もが驚き、それを喜んだ。日記に多くの感想が寄せられた。それをまた学級通信で紹介した。A男は照れ臭そうであったが、嬉しそうであった。このことは学級のなかに確実にルールが根付くきっかけとなった。

私が意識したのは、二つだった。よい行動を徹底してほめることで価値づけ全体に示すこと、それによって学級の生徒同士をつなぎ認め合う雰囲気をつくることであった。

考察　安心・安全の一つの条件は、学級全員が例外なくルールを守っていることである。そして、これが簡単なことではない。担任が守ろうと言って守ることは日本全国ごく一部の学級だけではないだろうか。コツは一つだけ、生徒にルールを守りたい（「守らなあかんよな」）と思わせることである。集団の教育力を生かす。人間は誰でも集団に属していたいという社会的欲求を持っている。生徒も同じで、どんなヤンチャな生徒でも教師に嫌われるのは気にしなくても、級友から嫌われるのは嫌がる。学級目標を全員で決めることにより学級全体で共有したり、ルールを守っている生徒や場面を取り上げ、価値づけることがポイントであると考えられる。それだけ安心・安全は学級、いや学校にとって重要なことなのだ。

安心・安全の確立

学級がスタートして一か月、一人ひとりと懇談を実施した。印象に残った言葉があった。
「悪口が聞こえてこない、人を侮辱するのがない」

この生徒は、「だからクラスがすごく楽しいし、いい感じです」と言っていた。私は学級の第一段階に確かな手ごたえを感じた。混沌とした緊張期を抜け出し、学級に一定程度の安心と安全ができ始めていると感じた。次のステージに行ける。指導を変えるとき、指導を次の段階に進めるときだと感じた。A男は懇談のなかで、今年は担任の私が昨年とは違うと言い、体育大会が楽しみだと言った。そう、次の段階の指導では学校行事が大きな要素となる。A男の、そして学級と担任の、行事への挑戦が始まろうとしていた。

考察　学級に安心・安全が根付いてくると、学級のところどころに小集団が生まれる。気の合う者同士で協働し始めるのである。これは「混沌緊張期」の足の引っ張り合いと違って、小集団同士の関係性も良好で学級に悪影響を与えるものではない。ただ、この小集団が乱立している状態では学級が一つになることはない。三月卒業のとき、学級全員がこの学級でよかったと思うためには、小集団が中集団となり、最終的には大集団、自分たちのことは自分たちで決め学級をよりよくしていくという自治的な集団へと進化させる必要がある。もちろん、いつでも一つというわけではなく、ここというときにいつでも一つになれるということである。そのために大きな役割を果たすのが行事である。

A男がリーダーとして立つ

勤務校の主な行事は、体育大会と合唱コンクールだ。ともに二学期、九月と一〇月に実施される。特に体育大会は学年縦割りの六つの団に分かれて行われ、毎年大きな盛り上がりを見せる。各団の団責（団責任者）は全校生徒から注目され一種のステータスである。

昨年の体育大会で二年生のA男が当時の団責にあこがれていたことを私は知っていた。団責は、模範的な学校生活を送っていなければなることはできない。一、二年生のA男はお世辞にもそうとは言えなかった。ただ、三年生になってからのA男はルールを守れるようになっていたし、授業中も授業を妨害するようなことはなく、むしろA男なりに頑張っていた。私はA男が団責になりたいと言ったら、全力でサポートしようと思った。

六月、体育大会にむけての学級会が行われた。決めることは団責を含んだ役割決めである。私が語ったことは次の一点だけであった。

「行事は祭りでない。その時が楽しいだけではやる意味がない。行事後に学級が、そこで暮らす一人ひとりが成長しなければ意味はない」

私の学級では、基本すべて立候補で役割を決める。立候補が重なった場合は所信表明し、任せても大丈夫だと皆が判断すれば立候補者同士の話し合いだ。それでも決まらなければじゃんけんや投票を行う。団責には二人が立候補した。そのうちの一人はA男であった。A男の所信表明が当時の学級通信に残っている。

「全員をちゃんとまとめて、優勝するっていうよりも、みんながちゃんと楽しめて思い出に残る体育大会にしたい。黙るときは黙って、真剣にやるときは真剣にやる団にしたいし、最後にはこの団で良かったと、全員が思える団にします」

もう一人は、周りからも信頼の厚い女子生徒であった。これまた立派なスピーチだった。彼女は過去には学級委員を務めたこともある。どちらも譲らなかった。投票になった。票が多かったのはA男だった。決してA男が怖いから、投票しないとあとで何かされるからとかではなかったように思う。皆がA男の変化や成長を受け止め、さらなるそれに期待したからではないだろうか。A男は照れくさそうにしながらも引き締まった表情であった。かくして、A男は団責任者として立ったのであった。

考察 学級で何かの役を決めるときは、原則立候補で行う。活動には主体性が命だからだ。ただ、同時に責任を持つことと最後までやり切ることにコミットさせることが必要である。そのために私は、立候補後に必ず所信表明のスピーチを求める。それを学級全員が聞き、学級全員の承認を得ることを立候補の条件にしていた。生徒は学級の様子を、学級の一人ひとりをよく見ている。学級のルールを守っているか、皆で決めた学級目標を意識しているかが問われるのだ。これらがうまく機能すれば、役を担った生徒は自身が大きく成長するし、学級にもよい影響を与え、学級自体も集団として成長する。A男が投票によって選ばれたのは、四月からのA男の行動が学級に認められたからであろう。A男への期待に似た感情もあったかもしれない。結果として、このことがA男の変容に大きな影響を与えることになることを考えると、A男の表情をみとり、ルールを守らせるように仕組んだ担任の仕事というものは重要であったと言わざるを得ない。

リーダーとフォロワーが協働、小集団を中集団へ

団責以外にもさまざまな役割が決められた。チーフ等のリーダー格の役割は立候補と所信表明のうえで、リーダーにならない生徒も何らかの役割を担う。行事では、学級全員が何らかの役割を担い、目的の実現のために行動する。これにより、学級にできた小集団がメンバーチェンジしたり、小集団同士が協働する場面が活発に見ら

れるようになる。小集団が協働することで生まれるのが中集団である。学級の段階で言えば、小集団が場面によって、中集団となって協働できるのが次の段階である。協働にはリーダーとフォロワーが必要になるが、行事はその役割を生徒が意識しやすい。行事は学級の段階を進化させるうってつけの場面なのである。図7－5は体育大会に向けての練習の取り組みを描写した学級通信である。

考察　学級通信は学級経営における有効なツールである。学級通信の目的は三つある。(1)生徒をほめ、行動を価値づけるため、(2)保護者に学級の様子を知ってもらうため、(3)担任の思いを伝えるため。筆者の学級通信は、ほとんどが生徒の行動を描写したり、生徒の文章を載せたりしたものである。(1)と(2)のために発行しているといってもいい。よく(3)が前面に出た学級通信を目にするが、同調を求められているようで、お腹一杯になってしまう。担任の思いは、割合で言えば一〇%以下でよいように思う。筆者の経験から言うと、生徒を描写した学級通信は保護者からの評判もよく、卒業してからも時々読み返しているという声をもらう。

感動体験の共有が学級の段階を上げる

体育大会が終わった。体育大会の最後、閉会式。各団の団責によるスピーチで体育大会は締めくくられる。A男は全校生徒、保護者、地域の方を前にしたそのスピーチで号泣した。涙が止まらず言葉にならなかった。級友からは「A男、がんばれ！」という言葉がかけられる。A男はなんとか言葉を紡ぎ、スピーチを終えることができたのだった。

当時の学級通信に、アニメオタクで周りとコミュニケーションをとるのが苦手なR男が、体育大会を振り返って以下のような感想を綴っている。

軌跡と奇跡

○○中学校
3年○組・学級通信
発行：柳内祐樹
9月8日号

リーダーとフォロワー(リーダーを支える人)

金曜日のこと書きます。５時間目、体育館での団練習。
体育館、ネットが降りている状態。このままでは練習ができない。そこに早く体育館に来ていたＤ男の姿が。「Ｄ男、上がってネット引っ張ってくれるか？」と言うと、
Ｄ男「分かった！」、すぐに２階に上がり、ネットを片付けるＤ男の姿が。
続いての中庭。はじめＯＢＦに並ばせるとき、
Ｋ子「みんな、並んで！！」、大声を張り上げるＫ子の姿が。
団責やリーダーが頑張るだけじゃなく、その頑張りにみんなが応えようとしている。その姿が嬉しかった。リーダーとフォロワー、二つがかみ合うことが成功への道。

６時間目、３年○組が全員リレーをはじめて走る。
みんな本気で爆走しました。バトンを２回落としながらも、結果は４位。
帰りの会で、Ｔ子とＳ子から作戦の確認と
Ｔ子とＳ子「昼休み、練習しようと思うんですがいいですか？」という提案。
みんな「いいで、やろう！毎日やろう！」
本番まで昼休みは３回。４位からどこまで上がれるか、楽しみです。

図７−５　学級が行事の成功のために協働する場面を描いた学級通信（一部修正）

軌跡と奇跡

○○中学校
3年○組・学級通信
発行：柳内祐樹
9月24日号①

体育大会の価値をさらに高める３年○組

１８日、金曜日の生活記録です。

> **今日はＡ男くんがちょうまじめでした（＾＾）理科の実験とか、ちゃんとしてたし、英語のプリントとか、本文のノートもびっしりかいてはりました！ほめてあげてください！！（Ｆ子）**

昼休み、柳内「Ｆ子、今日の生活記録嬉しかったわ～」

Ｆ子「そうなんですよ！今日の理科も、実験のとき、私にいろいろ聞きながらプリントびっしり書いてたんですよ！もう本当に感動しました！！」

Ａ男の成長を興奮気味に話すＦ子の姿に胸が熱くなる。Ａ男に限らず、体育大会の成長を日常で発揮している人がいる。体育大会の価値がますます高まっていく。

図７−６　体育大会後の学級通信（一部修正）

「去年までは、なんかみんな、がんばってんなって感じやったけど、今年は、自分の意志でがんばれました。自分は、クラスで唯一ガチのアニオタで、話すこともなんかみんなと違うだいぶ浮いている存在やけど、このクラスに存在する『実家のような安心感』は、それを認めてくれているようです。安心できる環境です。今年はすごく楽しめました！」

体育大会を経て、学級はさらに次の段階へと進んだ。それによって学級の生徒個々の成長のようすも随所に見られるようになった。やはり集団の成長は個々の成長とともにある。図7－6は、体育大会後の学級通信である。集団として確かな手ごたえを感じているのは担任の私以上に、学級の子どもたち自身であった。次はいよいよ合唱コンクールである。前年度の悪夢が思い出される。学年リハーサルで学年生徒全員の前で私を殴ったA男は、結局本番のステージに上がったものの一切歌わなかった。合唱コンクールへの学級のチャレンジ、担任のチャレンジが始まろうとしていた。

考察　体育大会後のA男のスピーチには学級の全員が感動していた。A男の涙はドラマであった。学級にはドラマが生まれる。これは偶然ではなく、必然である。学級が確実に段階を踏んで成長していくことで、ドラマは生まれる。ドラマは集団を成長させる。行事後に学級が、そこで暮らす一人ひとりが、成長しなければ行事の意味はないのである。

過去の書き換え（過去は変えられる）

A男はなんと、合唱コンクールのパートリーダーに立候補した。昨年度のことは当然学級の皆が知っている。しかし、反対する者は誰もいなかった。A男のここまでの頑張りを誰もが認めていたし、A男の変容を感じていたからであろう。A男は学級のリーダーとして精一杯に行動した。昨年度の様子を（文字通り）肌で感じている私としては驚きを隠せなかった。ここまで変わるのかという変容ぶりであった。

合唱コンクール当日、A男は合唱曲『信じる』の歌詞どおり、大口を開けて歌っていた。私は感動の渦にいた。次が学級通信に載ったA男の合唱コンクール後の感想である。

文化祭の思い出はすべてです。劇とか歌とか全部が思い出になりました。文化祭も合唱コンもあんまり好きじゃないけど、なんでか分からへんけど、ガンバロッ！　とかいろいろ思うようになった。それは、たぶん体育大会の事もあるからやろーけど、自分が文化祭実行委員で、合唱コンはパートリーダーやからってのもあるけど、この3－〇が俺の中でたのしくて、なんかなんかえーっとあれやからやと思う‼　やから、いろいろと3－〇人たちには感謝のしっぱなしやわーってかんじ、アリガトウ。一番の思い出は、みんなで一つのものに本気（マジ）でとりくめたことかな、実家のような安心感のあるクラスになりつつあるよね、うん、はい…。

まず、文章の分量に驚かされた。A男が感想等でこんなにも長文を書くのははじめてであった。そして、このA男の感想が学級のすべてを物語っていた。この学級は、学校行事をすべて終えたとき、四月とは全く違う集団となっていた。学級には確かなルールが確立され秩序がある。また、学校行事による協働体験により学級の一人ひとりが学級の一人ひとりとつながっている。それによって、学級に安心感と所属感が醸成されている。こうなってくると学級はどんどん自分たちで進化していく。教師は一歩引いて生徒に任せる場面が増えてくる。自治的な集団となるのである。自治的な集団になるとどんどん自分たちで学級をよりよくしようという取り組みが生まれてくる。

考察　過去は変えられないというのは事実である。ただ、学校という成長の空間においては、私は、過去は変えられると生徒たちに言ってきた。中学生の多くは、まだまだ未熟でありその日常は失敗の連続である。過去の失敗は未来の自分の行動によって変えることができると伝えることが、失敗体験を成功体験へと変えるきっかけになる。A男は過去の合唱コンクールの失敗を見事に成功体験へと書き換えることができたのである。

個の変容は伝染し、集団の成長へ

集団の成長は個々の成長を促し、個々の成長は伝染し、さらに集団を成長させる。図7－7は三学期の学級通信である。

I子は、自分に自信がないせいで周りを信用できず、なかなか自分の考えを表現できない生徒であった。そんなI子が、「受験という個人戦！　いや、団体戦！　大丈夫、きっと勝てるはず」と学級日誌に綴る。

Y子は、学校が嫌いで登校する意味が感じられないと四月にはこぼしていた生徒である。そんなY子が学級のために会社（係活動の一つ）を立ち上げ、日めくりカレンダーを中心になって作成する。

中学三年生の三学期は高校入試の影響を大きく受ける学期でもある。受験に対する不安で情緒不安定になったり、先に進路先が決まった級友に不満を感じたり、ともすれば受験勉強をするために学校を長期にわたって欠席したりする。実はこの学級でも、Y子が受験のために欠席したいと私に申し出てきた。私はY子の好きなようにさせた（もちろん保護者とも十分に話した上でである）。ところが、Y子の欠席は一週間と続かなかった。Y子曰く、

「登校してるほうが頑張れることがわかった」。

ここで、同時期に発行したもう一つの学級通信（図7－8）を紹介する。B子とは、小学校の頃は学級崩壊の首謀者であり、一年前にA男と取っ組み合いのけんかをしたあのB子である。A男に負けず、B子も一年間で大きく変容していた。その様子を描写したのがこの通信であった。B子もまた学級とともに大きく成長した一人であった。

考察　中学三年生の三学期は、高校受験という壁に学級の誰もが直面する時期である。この時期は、集団への所属感を感じられずに、自分を優先してしまう生徒が出てくる。そのこと自体が悪いことではないが、筆者の経験上ではそういった生徒の方が受験に苦労したり、希望の進路が叶わないことが多い。受験に対してもまた一人ではなく、集団で立ち向かうことができるのが学級のよさである。I子が学級日誌に「受験という個人戦、いや団体戦」と綴ったように、周りが頑張っているから自分も頑張ることができるというのは絶対にある。B子のB子なりの変容もまた然りである。一、二学期で段階を踏んで成長した学級であるなら、受験期においても個々の成長を促すことは可能だ。Y子が学級に戻ってきたのは学級にいたほうが自分が成長できるとY子自身が感じたからであろう。ちなみに、この学級は全員が第一志望に合格した。

A男の最後の言葉

卒業式前日、自分たちで企画したレクリエーションのあと、学級の一人ひとりが学級の全員に向けてスピーチをした。このスピーチも当然自分たちで企画したものだ。輪になって座り、順にスピーチしていく。A男のスピーチは次のようなものだった。

軌跡と奇跡

〇〇中学校
3年〇組・学級通信
発行：柳内祐樹
1月14日号

他ならぬ、あなたたち

I子が書いた学級日誌。

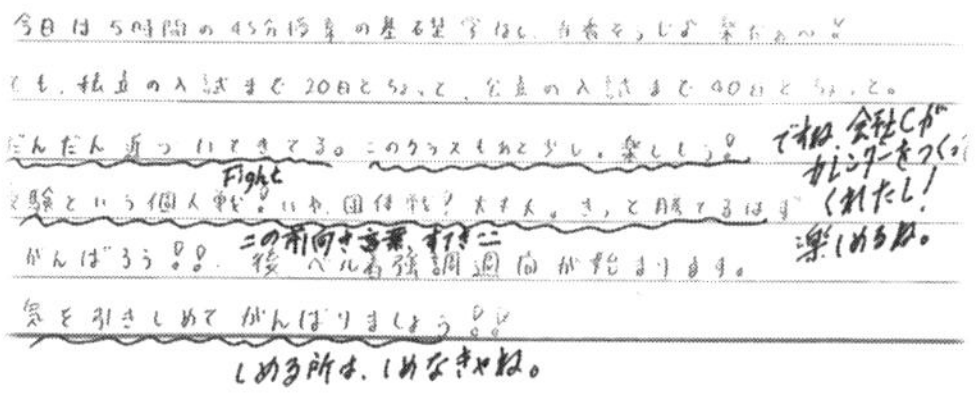

４月にはきっとこんな文章書けなかったよね。I子の成長、３年〇組の成長を感じます。

そして、会社Cによる日めくりカレンダーが完成しました。素晴らしい出来栄えです。制作は簡単ではなかったはず。Y子、K子、M子、ありがとう。今日から卒業までの毎日をこのカレンダーとともに大切にしたい。

また、今日はＶｉｔａ（会社B）による学級通信第２号も発行されました。
３年〇組で起きる様々なことが、わたしたちに頑張るエネルギーを与えてくれる。
そして、それを起こしているのは、他ならぬ、あなたたち。

図7－7 三学期の学級通信（一部修正）

軌跡と奇跡

〇〇中学校
3年〇組・学級通信
発行：柳内祐樹
1月18日号

1年の時はしたことなかった…

金曜日の給食後、B子といっしょに片づけをしていると、

B子「先生！食器片づけるのはひどくない？まだ食べてる人いるのに！」
柳内「いや、あなたがそれ言う？（B子はすでに食缶を片づけている）」
B子「私は、ちゃんとみんなに（残す人がいないかを）聞いたもん！」

それを聞いていたN子が、

N子「B子、1年の時と比べてほんま変わったよな〜。」
B子「うん。私、この赤いの（配膳台）片づけたことなかった。給食当番も1年の時はしたことなかった…。」

横でこのやりとりを見ていたD男が満面の笑みでぽつり、

D男「ほんと、みんな成長したね〜。」

B子は、１週間、ほぼほぼ（１度片づけを忘れました）自分の役割を果たしました。私はそれがすごく嬉しい。

成長、あなたたちにぴったりの言葉です。１・２年時には、４月には、できなったことができるようになっている。それが成長。成長した、いや、成長を続けるあなたたちを見ることが嬉しい。

図7－8 B子の成長を描写した学級通信（一部修正）

「一、二年の時の俺とは全く違うことをしてきたと思う。そうさせてくれたのは、このクラスだったからやと思う。一年間、本当にありがとうございました」

私は、目頭が熱くなった。正直に自分を表現するA男に、そしてそれを受け止める学級に感動していた。もちろん、A男だけに対してではなく、全員が全員に対してである。私は学級がA男を変えたのだと改めて思ったし、またA男によって学級は成長できたのだとも思った。

A男は卒業式前日に私に手紙（メモのような）をくれた。以下のように書かれていた。

二年間、先生とはいろいろありましたね。（笑）でも、こんなに正面から僕と向き合ってくれた事、今では感謝しています。先生と出逢って、柳内クラスがあって（恥ずかしいが…）僕はほんとうに楽しかったよ。

考察　卒業式は答え合わせの場である。一年間、いや三年間の教育の結果が生徒の姿になって現れる。中学校教育の最終目的である「自立」を実現できたのかどうかを教師は、学校は確かめなければならない。その前日にA男が発した言葉は学級への感謝であった。A男は卒業式後の発表で見事に第一志望への合格をつかみ、夢への一歩を踏み出すのだが、そのA男の卒業式前日の言葉に学級への感謝が出てきたことには、学級というものがA男にとって大切で、必要不可欠なものであったということではないだろうか。

三　学級は必要か否か

いかがであっただろうか。以上がA男とA男が所属する学級の一年間の事実である。冒頭の今の日本の学校に「学級は必要か？」という問いをもう一度読者に問いたい。私自身ここまで書いてきて、学級がなければ、おそらくA男はここまで変われなかったのではないかと改めて思う。A男の卒業式前日のスピーチは子どもの真実であり、無視することはできない。

令和三年一月二六日に出された中央教育審議会答申「『令和の日本型学校教育』の構築を目指して――全ての子供たちの可能性を引き出す、個別最適な学びと、協働的な学びの実現」において、改めて「個別最適な学び」が前面に押し出されたが、同時に「個別最適な学び」が「孤立した学び」に陥らないよう、探究的な学習や体験活動等を通じ、子ども同士で、あるいは多様な他者と協働しながら、他者を価値ある存在として尊重し、さまざまな社会的な変化を乗り越え、持続可能な社会の創り手となることができるよう、必要な資質・能力を育成する「協働的な学び」を充実することも重要と示された。この「協働的な学び」の根幹をなすものが学級であり、学級経営ではないだろうか。

学級を、生徒に金太郎飴のような「同質」を求めるためではなく、生徒の「多様性」を認めることで安心・安全を与えるために経営したい。学級を、生徒をコントロールする「枠」ではなく、生徒に帰属意識を与える「軸」として経営したい。「枠」とは教師が一方定に押し付けたルール等の管理的な教育であり、「軸」とは、学級の生徒全員で決めた学級目標等の生徒にとって拠り所になるものである。

一年間の長期にわたり、学級の段階を見取り（アセスメントし）、指導を変える。それによって学級の集団形成は進み、集団の変容が個々の変容につながる。A男が変われたのは間違いなく学級が存在したからであり、学級が進化したのもまたA男がそこに居たからである。学校は一人では学べないことを学ぶ場である。決して集団で効率よく全員が同じ知識を同じように学ぶ場ではないはずである。

「個別最適」という言葉が先走り、学級の意味・価値が忘れられないかを危惧している。画一的な学級経営による弊害を学級のせいにし、「個別最適」という言葉に逃げるのではなく、個がつながることで「協働的な学び」を実現し、それによって個々が変容する学級経営こそが、真に「個別最適な学び」を実現すると思う。私の拙い実践が、A男の変容の事実が、「令和の日本型学校教育」のヒントになれば幸いである。今求められる「令和の日本型学校教育」には、学級は必要である。学級が生徒の「多様性」を認め合い、生徒の「軸」となって個をつなぐことで「協働的な学び」が実現し、それによって「個別最適な学び」が促進されるような学級経営が日本全国に生まれることを願っている。私も引き続き、悪戦苦闘・試行錯誤の実践の日々に全力を尽くそう。

第八章　学級経営の基盤となる生徒理解と信頼関係・自己指導力

多角的・多面的な視点を通した「生徒理解」や「人間関係・信頼関係の構築」等が、生徒指導の基盤であると言われて久しい。このことは学級経営においても然りである。しかし、「疾風怒濤の時代[1]」とも呼ばれる思春期・青年期は、精神的にも身体的にもそれまでとは違う大きな変化を経験する時期であるとともに、社会の急激な変化や生徒を取り巻く環境の変化もあいまって、「生徒理解」は、非常に難しくなっている。さらに生徒の人間関係のあり方自体が高度情報化やＳＮＳの急速な拡大により、質的に変化している。ベテランと言われている教員からさえも「今までは、うまくいったのに……」という嘆きの声が日々聞かれる状況なのである。

本章は、中学校内で見られるさまざまなケースを示し、学級担任として「生徒理解」や「人間関係・信頼関係の構築」という視点から「こういう見方や考え方をしたら、よりよい方向性が見出せるのではないか」と校長である私なりに考察し、提案したものである。

一　思春期の生徒理解

1　子どもが「見える」ということ

教育者であり、元宮城教育大学の教授でもある斎藤喜博（一九一一～一九八一）は著書のなかで、「教育とか授業とかにおいては、『見える』ということは、ある意味では『すべてだ』といってもよいくらいである」[2]と言っている。

教師は目の前の子どもを単に「観察の対象」として「見ているだけ」ではいけない。教師に限らず、私たちは常に無意識のうちに、ある「枠組（モノサシ）」に依拠してものを見てしまう傾向がある。「見る」から「見える」へ、というパラダイムシフトを起こすためには、教師自身が「ある枠組」がないと、子どもの状態を認識できないが、ひとつの「枠組」に固執してしまうと、適切に子どもの状態を認識ができなくなる、というパラドックスについて自覚するということである。教師にとって、子どもの些細ではあるが重要な事象を見分ける技術（スキル）や感受性を身につけることは、大変重要な「資質・能力」である。

このような「教育の場で起こる複雑で微妙な事柄について識別する能力」のことを、アメリカの教育学者であるアイスナー（E. W. Eisner, 1933-2014）は「教育的鑑識眼」と呼んだ[3]。そのような「子どもを見る眼」を持つには、どこに目をつけたらいいか。その目のつけ所を知るには、多くの知識や経験の裏付けが要求される。その際、他の先生が「何を見ているのかを見る（知る）」ということも、自分の知識や経験に大きなプラスとなる。

【ケース1】保健日誌から「見える」こと

本校では毎日、養護教諭から私（校長）にその日の保健室の来室状況等の報告がある。以下の①〜④は保健日誌から特徴的な記述の抜粋である。

このような記述から、担任として何が見えなければならないのだろうか。

校内での違う立場の教職員からの情報・記録は、教科担任制である中学校にとって、学級担任だけでは気付かない個々の生徒についての理解を深めるさまざまな有用な情報を与えてくれる。しかし、それらはあくまでも「断片的な情報」であり、「観察者の主観」でもある。それらの「断片的な情報」を、その生徒のアセスメント（assessment）として、自らの主観と融合させるなかで、どのように捉え、洞察を加えて、その後の指導・支援（プランニング）に生かしていくか、という視点が非常に重要となる（【ケース2】を参照）。

> ①　○月×日　16:34　2年3組　A子
> 来室の状況（症状など）……《病気》腹痛：部活動で他の人が叱られているのを見るのがつらいという。来年、他府県に引っ越すと親から伝えられ、悩んでいるという。

①の生徒は、他人が叱られていることを自分事のように感じ、苦しんでいる。多くの教員は「あなたが怒られているのではないのだから、気にしすぎだよ、そんなに神経質になるなよ」と助言する。昨今、学校現場ではこのような感情を持つ子が増えていることには留意したい。HSP(4)と呼ばれているタイプの子かもしれない。HSPの生徒はなかなか周囲の人から理解されず、生きづらさを抱えて生活していることが多い。自分と他人との心理的境界線が薄く、自分が叱られているわけでなくても罪悪感を持ったり、申し訳なさを感じる傾向が強い(5)。

このような生徒は、集団内では生きづらさがある反面、「一度に多くの情報を吸収する」「ゆっくり、深く多角的に考えられる」「誠実で、責任感が強い」などのような長所もある。繊細ゆえにこのような能力を持っているケースが多く、適切な環境の下では、大変高いパフォーマンスを示す可能性があるという視点を持って支援することや学級内での活躍場面を意図的につくりたい（第二節を参照）。

このような生徒に対する理解の不十分さや対応の不適切さは、当該生徒が個性を発揮する機会を奪うだけではなく、不登校に陥ってしまうリスクや二次的な保護者クレームにつながることがある。

「気にしすぎ、無視したらいい」というような「教師の枠組（モノサシ）」での声かけではなく、その生徒なりに精一杯、周囲の人々に自分の苦しみや限界点を伝えているのだととらえ、本人の特性や特徴に理解を示すことを最優先にしながら、学級内で適切な立場、ポジションを与え、静かに見守りながら支援するということを、余裕をもって心がけたいものである。

> ②　○月×日　10:18　1年2組　B子
> 来室の状況（症状など）……《病気》腹痛：先週末から腹痛が続いている。授業は受けるが、部活動は休むと言う。最近、毛が抜けやすいと言っているが、抜毛症の疑いもある。

①の例でも見られるが、私たちがつい「よくあることだ」と見逃してしまいがちな子どもの身体的な症状（兆候）に「腹痛」がある。人間というのは、今から「何かと闘わなければならない」状況に対峙したときに「それに立ち向かうか（闘争）」それとも「その場から逃げるか（逃走）」という葛藤を脳内で行う。そのような葛藤が起こると、無意識に人間は消化活動を一時的に停止すると言われている。(6) それが一般的には「腹痛」や「おなか

の調子が悪い」という形で現れるのである。このような段階を軽視し続けていると、その子どもは、適応障害やうつ病になったり、不登校に陥ったりすることもある。早い段階での適切な対応が不可欠であろう。

②の生徒も「腹痛」が続いている点には、十分に配慮したい。すでにかなりのストレスが身体症状に現れているととらえなければならない。さらに「抜毛症では？」[7]と養護教諭が疑いを持っている点にも留意したい。

この生徒に関しては、気になった養護教諭がその日のうちに担任へ連絡を入れ、担任は本人と話をしているが、本人は「髪の毛のことは大丈夫です。人間関係も特に困っていることはありません」の一点張りであった。その言葉に安心した担任は、特に保護者にも連絡はしていなかった。一か月半後に、この生徒が突如、不登校状態になったことから「まったく大丈夫な状況ではなかった……」ということが判明する。この生徒は「いじめ調査アンケート」においても、「特に嫌な思いはしていない」と回答している。調査アンケートに「いじめはない」と回答しているからといってスルーしてしまうようではやはり「教育的鑑識眼」は十分に機能していないと言わざるを得ない。

当該の生徒はさまざまなシグナルを発していたにもかかわらず、担任にはそのシグナルの本質を見抜くことができなかった。そのシグナルを学校組織として共有化できていれば、この生徒を救えていたかもしれない。

③　○月×日　9:35　2年4組　C男
来室の状況（症状など）……《病気》頭痛：三七・○℃。頭が痛いと言っているが、どうも英語の授業での発表がイヤとのこと。課題のプリントも忘れた。「忘れました」というのも叱られるからイヤだと言っている。担任と次の授業から参加すると約束。

④　○月×日　10:18　3年1組　D男
来室の状況（症状など）……《その他》昇降口に立っている。声が震えてしまうので、家庭科の授業で発表することが嫌だという。職員室で学年の教師と話をさせた。発表用の原稿は持参していた。

③や④の生徒は「授業における発表」に対して強い抵抗や拒絶を示しているが、多くの教員は「こんな訴えは単なる本人のわがまま、甘えだよ」と判断し、発表の重要性を語り、何とか頑張らせようと説得してしまう。しかし、本人の持つ特性によって「授業における発表」に著しい拒否反応を示す子どもが非常に増えていることには担任だけではなく教科担任も留意したい。

こういった生徒たちは、他人の言動に極めて敏感であるため、自分の行動に対して、表面的には共感的な言葉であったとしても、「この先生は自分のことを甘えていると思っている……ダメな人間だと思っている」と鋭く見抜く。強い特性があり、厳しい家庭環境のなかで暮らしてきた子どもたちは、（それが思春期であればなおさら）全身が「敏感なセンサー」であると考えておかなければならない。教師のカウンセリングマインドにおいて受容的態度・共感的理解が大事だと言われて久しいが、ロジャーズ（C. R. Rogers, 1902-1987）が言うように、その前提として教師側に「自己一致（純粋性）」があることが大切である。(8)

教師にとっての「自己一致」できている状態とは、つい優先してしまいがちな「自己の枠組（モノサシ）」をいったん脇において、多面的・多角的に事実を解釈するという「心構え」であり、「決意」でもある。

【ケース3】において言及するが、この「心構え（決意）」は意外に難しく、学校現場で起こる対生徒・対保護者のトラブルは、その壁を乗り越えられないことに起因するケースが多く見られる。

あわせて③や④のような生徒に対しては、各教科で学習目標を達成するために要求される学習活動があることは避けられなくても、「頑張って、発表しないと評価（成績）にひびくよ」というような「（生徒にとっては苦しい）励まし」や「（そんなことでは大変なことになるよという）脅し」を安易に継続していると、学校に不適応を起こすことが多い。当該生徒の特性や思いを十分に理解し、「どういうことならできるのか」という本人の自己決定や教科担当とも連携しながら学習環境の調整を行うことで改善するケースも多い[9]。

2　多面的・多角的な生徒理解

【ケース2】アセスメントを重視した組織的対応の重要性

E男の担任は、毎朝、E男宅を家庭訪問し、ともに登校する。時には学年主任も協力し、何とか登校できる日々がしばらく続いていた。

しかし担任の努力にもかかわらず、次第にE男は登校できなくなる。友人たちも登校できるよう協力してくれたが、ゲームやSNSによる昼夜逆転で、生活リズムは完全に乱れ、保護者も本人との軋轢を避けるために、担任への協力姿勢も薄れ、本人に何も言わなくなる。

それでも担任はあきらめずに、保護者にも粘り強く協力依頼を続けたが、保護者や本人に連絡がつかない、家庭訪問をしても会えないことが増えた。

ある日、母親から担任に連絡があった。

「とにかく毎日仕事、仕事で忙しく、連絡されても困る。E男は家にいることで精神的にも安定し、登校のプレッシャーをかけないことで家庭も平和になっている。しばらくそっとしておいてほしい」

　学校としては、母親の意向を受け、その後の連絡については週に一度、ということで対応の方向性の修正を図った。それでも連絡の取れないことが多かった。

　しばらくして、再び母親から連絡があったという。主訴は担任から連絡がなく、E男を見捨てたのか、という内容であったらしい。


　このようなケースでは、担任ひとりでは、もはや対応できない。本人の心の問題を何とかすれば……というレベルではない。虐待の疑いもあり、学校の介入や担任の熱心さがますます関係性の悪化を招いている状況である。生徒理解を進めるにあたっては、当該の生徒の情報だけでは、課題の本質的な部分や適切な方向性を見出すことができない時代になっている。カウンセリングマインドという言葉が学校教育において市民権を得て久しいが、課題のある生徒に対しては、以前のように「心の問題」として、受容と共感を大事にしながら本人に寄り添って……というだけでは、適切な方向性が見出せない時代になってきている。家庭背景に虐待の疑いやＤＶ、貧困などがあれば、なおさらである。担任だけではなく、学年教師、教育相談部、できればＳＣ（スクールカウンセラー）やＳＳＷ（スクールソーシャルワーカー）と連携・協力しながら、アセスメント（assessment）を作成し、生徒に対してどのような指導や援助が必要であるか（もしくは必要ではないか）を決めるために必要な情報を「収集」「共有」「判断」「検証」していくとともに、プランニングにより、それぞれの関係者の眼に「見えたこと」を、つむいで分析し、そこから「何が見えるか」を踏まえた目標設定をしていくことが必須な時代になっている。

　E男に関しては、その後、学校（教職員）だけではなく、教育委員会や児童相談所等の関係機関と連携しながら、ケース会議等を設定し、多角的・多面的なアセスメントに基づいた本人や母親の支援の方向性を明確に打ち出した。本人は高校進学も意識し始め、週に数日ではあったが登校できるようになった。

二　信頼関係の構築と自己指導力の育成

1　信頼関係の構築

「困った子（親）」は「困っている子（親）」という見方

【ケース3】教師のカウンセリングマインド（自己一致の重要性）

　中学校二年生からF子は不登校傾向を示すようになった。自閉傾向が強く思い込みも激しい。人間関係形成能力が弱く、小学校時代に〝仲間はずし〟に遭ったことから、本人・保護者ともに同級生たちに良くない印象を強く持っている。登校できないことで保護者がF子を責める場面が見られたり、担任が学級の他の子どもに働きかけても、関わらせないでほしいと言われる。少しでも学校で嫌なことがあったと聞くと、保護者からすぐに連絡が入る。客観的には本人に責任があるような事象であっても、担任（学校）の対応は常に不公平であると主張される。

　ある日、保護者から担任に電話が入り、現状を変えるために転校も考えているという。F子も了解しているとのことだった。

この担任は、F子のことを入学以来、思い込みの激しい、困ったことがあると自分を振り返ることができず、つらいことから逃げてしまう「弱い子」だと思っていた。しかし、F子と話をしているうちに、本人も自分の不甲斐なさを親に責められていたことがわかり、さらに転校するという話まで出てきたことで、徐々にかわいそうな気持ちになってきたという。

そのようなことを感じながら話を聞くなかでF子が、

「本当は転校したくない。親に自分の気持ちを言うと叱られる。自分の気持ちを伝えなくては……と思うことは今までいっぱいあったけど、じゃあ、何でも自分でやれ！　と言われたら、本当に何にもできない自分であることもわかっているから今まで何も言えなかった。自分がこの学校にいると、みんなに迷惑をかけるから……」

そんなことをはじめて吐露し始めたという。話を聞いていて、担任は涙が出てきたという。担任の、F子に対する共感的な思いが、はじめて「自己一致」した瞬間であった。私は、

「保護者にどう伝えたらうまくいくか、私にもわからない。でも、先生の本心から『その子のことを思う気持ち』を先生自身の言葉で誠心誠意、伝えたらそれでいいと思う。うちの子はそんなことを先生に伝えていたんだ……と気づいて、変わるかもしれない。残念ながら、親はやはり転校と言うかもしれない。それでもいいじゃないですか、少なくともこの子の記憶のなかに、信頼できて本心を話せた大人がこの学校にいた、という事実だけは残るから」

と言うのが精いっぱいだった。

この後、担任は、リスクを感じながらも覚悟を決め、F子の今までの苦しかった気持ちや親に頼ってはいけないと思いながらも言うことができなかったこと、本当はこの学校で頑張りたいという気持ちが強いことなどを保護者に語った。

担任の話を受けて、保護者がどう感じたかはわからない。しかし、その後、保護者から転校の話が出ることは

なくなった。本人も週に数日ではあるが少しずつ登校できるようになった。

担任として「この子（や保護者）はいったい何に困っているのか？」と「困った子（親）」を見る視点を変えなければならない。

もうひとつ、このケースで見逃してはならないのは、担任がF子と話をするなかで、共感的な思いが「自己一致」した瞬間についてである。【ケース1】の③や④で触れたように、教師にとっての「自己一致」できている状態とは、つい優先してしまいがちな「自己の枠組（モノサシ）」をいったん脇において、多面的・多角的に事実を解釈するという「心構え」であり、「決意」である。この事例でも、当該生徒と話をするなかで、担任が今までのF子に対する見方をいったん脇において、自分の意見を言いたくなる気持ちや自分の感情、価値観にとらわれずに聞くことに徹するスタンスを持てたことが最大のポイントである。結果として、そのスタンスがF子の本音を引き出し、その後の保護者との対話において、担任が「生身の自分で勝負する」ことを選択させたのではないだろうか。

このケースでは、教師が子どもにとって信頼できる人間になっていることがいかに重要であるかが伝わる。保護者の考え方や信念を根本的に変えることはできないが、「子どもの思いや願い」を軸にして同じ方向を向くことはできる、と信じることで光が見出せる。

F子の対応をめぐって、この間、担任は保護者とのコミュニケーションにおいても困難さを感じていた。教師としては勇気のいることではあるが、「コミュニケーションの不調」から脱するには、このケースのように「思い切って相手の懐に飛び込む」「生身の自分で勝負する」ことが大事であると私は考えている。できれば避けたい「コミュニケーションの不調」を修正しようと努力するプロセスにこそ、教師と保護者の信頼関係を築くヒントがあるのではないかと多くのケースから感じている。

教師から遠いところにいる子どもたちに焦点を当てる

禅の言葉に「啐啄同時《そったくどうじ》」というものがある。「鳥の卵がかえる時、ヒナが中から殻をつつき、同時に親鳥が外から殻をつつき、ヒナが出てくるのを助ける」という意味である。相手が必要としているときに、タイミングよく手助けを行うことで、相手が殻を破ることができる、ということをたとえたものであろう。「相手が必要としているときに」というのが、重要であり、そのタイミングというのは、まさしく、「子どもの見方」に関わっていると私は考えている。

ここでは、不登校生徒への対応をめぐって、「偶然」さえも「必然」にする担任の素晴らしい感性にも触れながら、教師から〝遠い〟ところにいる子どもたちに焦点を当てた学級経営について考えたい。

【ケース4】教師から〝遠い〟ところにいる子どもたちに光を

G男は中学一年の後半から、欠席が増え、二年生の一学期には完全に不登校状態になった。二年生で担任となったA教諭は丁寧な家庭訪問や連絡等を欠かさなかったこともあり、一学期の後半には、G男は市の適応指導教室に週三日、残りの週二日程度は、午前中だけの別室登校ではあるが、同級生に出会ってしまうのではないかという恐怖感と闘いながらも学校に足が向くようになった。

一〇月のある日、A教諭はいつものように別室でG男と話をしていた。その日、A教諭は研究授業を行う予定であった。いつになく大変緊張していたA教諭は、「情けないけど、先生は緊張のあまりお腹が痛い」というようなことをG男に話した。その時、G男は、「先生でも緊張してお腹が痛くなることがあるんだ！」と純粋に驚き、「先生も同じなんだ……自分も教室に行って、頑張ってみようかな……」という発言をしたという。

そしてその日以降、G男の生活は一変する。適応指導教室に行った後、その足で学校に来て、通常の授業を教室で受けた。給食も学級で食べるようになった。人が変わったように学級で学習することに前向きになっていった。


このケースでは、地道なA教諭の努力が結実したのは事実だが、あの日、あのタイミングで、自己開示をしたA教諭の感性が、G男の変容を一気に促すトリガーになったとは考えられないだろうか。それ以外にG男に大きな心境の変化を与えた要因が見つからないのである。A教諭自身は否定するが、「偶然」を「必然」にする感性がA教諭にはあると私は思う。

スタンフォード大学のクランボルツ（J. D. Krumboltz）らは「偶然」を引き寄せる理論として「計画的偶発性理論」というものを提唱し[10]、そのための五つの行動指針（好奇心・持続性・楽観性・柔軟性・冒険心）を掲げているが、A教諭は見事にすべてを満たしていると私には思われるのである。

このケースに限らず、A教諭は自分が担任する不登校の生徒たちを、一人、そして二人……と少しずつではあるが、登校できるように支援している。

ある日、A教諭に「どんなことを意識して不登校生徒を支援しているのか」と尋ねたことがあった。その返答がとても印象的であった。

「生徒自身がどうしていくか、そのストーリーの自己選択を大事にしています……」

A教諭は、他の教員と連携しながら個々の生徒の状況について実に丁寧なアセスメントを行っている。とにかくその生徒のことを深く、広く知っているのである。同時に、その時々の保護者の思いや考えも的確に把握している。その時点で望ましいと考えられるその子のゴールイメージ（到達目標）を担任（学年教員等も含む）でしっかりと持っておくことができている。

また、A教諭は、その生徒の目指すべきゴールイメージを固定的ではなく、その時々の本人到達状況や、日々変化する本人の心境や興味・関心、家庭環境（保護者の思いや願い）、世の中の状況等を見極めながら、流動的に、かつ柔軟に修正したり、再設定していくことも忘れない。

さらにそのゴールイメージに近づけるために、阻害要因となっている（と考えられる）ことを常に低減する方策を考えて行動している。少々、勇気の要求される方策であってもA教諭は果敢に行動する。

ある日、A教諭がG男の給食費について私に相談に来たことがあった。本校では、給食費は喫食数での支払いではなく、本市の公会計システムの都合上、一か月まとめての支払いである。G男は不登校であったために支払いは止まっており、繊細なG男にとっては給食ですら、登校の阻害要因になっていることをA教諭は本人との会話で感じ取っていた。この給食費問題をクリアすることが、本人の登校の追い風のひとつになるとA教諭は考えたようである。しかし、G男だけを特別扱いにすることは他の不登校生徒にも影響を与えるため良くないということは承知していた。その上で、G男の気持ちの負担軽減のために、登校できるようになるまで、喫食数による個別会計にして欲しいと私に嘆願するために来たのである。

繰り返しになるが、アセスメントもプランニングも固定したものではなく、流動的である。つい教師が忘れてしまいがちであることは、家庭環境も生徒の気持ちも日々、刻々と変化するということである。この母親はこうだから、この子は目標を持ってないからと決めつけず、刻々と変化する状況を踏まえて、短期目標、中期目標を再設定することが大事である。最終のゴールイメージに到達するための中継地点はいくらでもある。その時点でのアセスメントに基づいて、さまざまなストーリーを想定し、そのストーリーに関して、生徒に自己決定させる

図８－１　グループ活動の様子

図８－２　手作りカレンダーの掲示

ことをA教諭は大切にしているのである（「あなたが決めたことだから頑張ろう」）。

G男はその後、何事もなかったかのように毎日元気に登校できる状況になった。学級の雰囲気も、無理に受け入れる、という感じはなく、自然であった。この自然さはやはり「偶然の産物」ではない。自然であるような学級経営を、A教諭は、並行して行っていたのである。

もうひとつだけ書き加えておきたい。G男が不登校状態に陥った当初からA教諭は「校長先生、大丈夫です。この子は必ず立ち直って、学級に復帰しますから」と語っていた。その根拠を尋ねると「教師の勘です」とA教諭は笑顔で答えた。目の前に起こる出来事に対して、たとえそれが解決困難な事象に見えても、楽観的にとらえて対応できるというのは教師としての大切な気質であると考える。

不登校や別室登校等により、授業に参加できていない生徒は多い。当然、授業では当該生徒の座席は空席となるが、多くの学級では図8－1のような形でグループ活動を行っている。当該の生徒がいてもいなくても、「待っているよ」「忘れてはいないよ」という心は伝わる。当該の生徒には直接伝わらなくても、周りにいる他の生徒には伝わる。この写真に見られるような、一人ひとりの生徒を大事にしている、たとえ学校に来られない子がいても、自分の仲間は常にその子のことを忘れずにいる……という学級担任による共感的・受容的な学級の雰囲気作りは、不登校の生徒だけではなく、すべての子どもに伝播する。

また、図8－2のように、手作りカレンダーを掲示している学級が多く見られる。学校に来づらい生徒や普段の学校行事等ではなかなか活躍の場面が少ない生徒、さまざまな特性がある生徒等にも、常に学級内で自己存在感を持てるような場面を設定することを心掛けた学級経営が大切である。

このような「土台作り」ができているかできていないかで、不登校の生徒が教室に復帰したときの周囲の対応に大きな違いが出るのである。

また、不登校生徒に限らず、特別支援学級に在籍する生徒たちが、交流するために通常の学級での授業や行事に参加することがある。

担任は、そういった生徒たちの座席配置や班編成の配慮とともに、どういう気持ちで通常の学級での取り組みに参加するのか常に学級の生徒たちと話し合うようにしている。さまざまな特性のある多くの子どもたちにとっては、通常学級に足を踏み入れることは、毎日が「入学式」の心境であるということである。

通常の授業が終わり、休み時間になると、担任だけでなく教科担任は、特別支援学級に足を運び、所属学年の子どもたちに限らず、特別支援学級に在籍しているすべての子どもたちと話をする。さらに、次の時間に授業のない教員は、そのまま支援学級の授業のサポートをしている場面も多い。

担任から一番〝遠い〟ところにいる生徒たちを軸とした学級経営を心掛けることは、誰にとっても居心地の良い学級につながるのである。

2　保護者理解

教師に求められる「真のコミュニケーション能力」

昨今の学校教育において「生徒理解」を進めるためには、相互環流的に「保護者理解」も不可避である。しかし、価値観の多様化した現代社会では、保護者と適切なコミュニケーションを図りながら、子どもの教育について足並みをそろえていくというのがなかなか難しい現実がある。

一般的に「コミュニケーション能力」というと「相手が伝えようとしていることを正しく理解し、自分の思いや考えをわかりやすく相手に伝えることである」と考えられている。しかし、実際の学校現場で起こるトラブルのもっとも大きな要因のひとつは、間違いなく「コミュニケーションの不調」である。双方ともに悪気はないのだが、やりとりの初期段階おける「いえ、違うのです。私はそんなつもりで言ったのではないのです」「いえ、私はそのことに対して厳しく叱ったのではないのです」「いえ、私がそんな態度を示したのは、そういう思いからではなかったのです」というような本来の言動に対する意図とは違う「とらえ方・受け取り方」等である。

【ケース5】違和に気付く感性の重要性

H男は、体調不良が続き、いわゆる不登校傾向の生徒であった。心配した保護者は、さまざまな病院をまわり、わが子の体調不良の原因を探るが、わからない。医療に関する不満を担任に話すことで解消していた。担任は、H男の学習保障にも、放課後に補充を設定する等、丁寧な対応を心がけていたが、本人の体調不良が続くにつれ、欠席や授業への欠課が増え、学力の低下を心配していた。

学習に向かい切れない健康状態や精神状態であったが、本人・保護者ともに進学に関しては明確な目標を持っていたため、その「やり場のない不満」を、徐々に学校に向けかけていた。

H男は特に実技教科の授業に参加しにくい状況であった。今後、実技面での評価や提出課題をどうしていくか、という問題について、ある日、B教諭は本人と個別に話をした。進学への目標をかなえるために、今後努力しなければならないことについて、本人と話をしたのである。もちろんB教諭としては、H男に対して少々厳しい要求となった部分もあったが、本人のためを思っての助言のつもりであった。本人は、終始浮かないような表情で「はい……」と聞いていたようである。

翌日、保護者から担任にこのような電話がかかってきた。

「昨日、先生から、うちの子が授業や評価に関わって大変厳しいことを言われたと朝からずっと泣いている。もう学校には行きたくないと言っている。いったい、どういうことなんですか」

担任は、自分の思いを一生懸命説明したが、保護者はわが子の登校しぶりを学校（担任）の責任として追及してきたのである。

このケースでは、H男の現状のアセスメントの問題や学習評価のあり方等、考えるべきことはたくさんあるが、少なくとも本人・保護者と学校・担任との関係はこの日までは比較的良好であったと言える。保護者のやり場のない不満をB教諭が受けることになった最大の要因は何であろうか。

元・堺市教育委員会教育長であった野口克海氏は、その講演会等の中で、「『教育』は『今日行く』」という言葉をしばしば使われている。学校内で日々の教育活動を行う上では、かなりの頻度でトラブルは起こる。些細な生徒同士のトラブル、叱って終わることもあれば、放課後に個別に呼んで指導することもある。配慮をしていても、中学校においては体育の授業や運動系の部活動等において些細なケガが起きることもある。それぞれの場面で、一定、適切な対応はしたものの、放課後にふと、「何か気になるな……」「何か起こるかもしれない……」という「教師の皮膚感覚（身体的な感性）」はかなりの確率で現実化するということを忘れてはならない。このケースで言えば、担任が本人のためを思って語っている場面で「本人が浮かない顔をしていたことに違和感を覚える」という感性である。

よく先生方から「どうしたら、このような感覚（感性）が身に付きますか？」という質問を受ける。研修会等では「教師としての感性を磨くことが大事」と言われるが、「感覚（感性）」というのは、感じない人には感じないのであるから、「磨け」と言われてすぐに磨ける類の資質ではない。自分としては明確な根拠は述べられないが、何かの出来事や状態に触れたときに、自らの経験則を通して「（何となく）違和感を覚える」というレベルのことである。

ベテランといわれる教員たちは、過去の多くの失敗やアドバイスからそのようなことを身体的に学んでいる。そのような能力を身に付けるためには、小さな出来事やトラブル等に関して、自分のなかで「これでよし」と処理して終結させるのではなく、周囲の教員に報告・連絡・相談することを心がけたい。その中で、自分の気付かなかった視点や落ち度などを指摘されることがある。こういったことを少しずつ積み重ねていくと、同じようなことが起きたときに「先手が打てる」のである。このように教師には「違和感の対自化」つまり「些細な違和感を自分のものにしていくこと」が要求されるのである。[11]

気になることがあれば「家庭訪問」か、少なくとも「家庭連絡」は行う、これが、「『教育』は『今日行く』」といわれるゆえんであろう。その背景には、「苦情が来てから何を言っても『言いわけ』にしかならない」という厳しい現実があり、それはある意味、教育の鉄則でもある。

先手を打てば「丁寧な『説明』」、後手に回れば「すべて『言いわけ』」

【ケース6】先手必勝で信頼関係を築く

C教諭は生徒Ⅰの担任でもあり、生徒Ⅰが所属する部活動の顧問でもあった。学級内で、いじめにつながりかねないようなからかい事象が起こり、他の生徒から加害者として生徒Ⅰの名前が挙がっていた。担任でもあるC教諭は、放課後の部活動のときに、生徒Ⅰを練習からはずし、学級内でのからかい事象に関して話をした。受け止めが軽く、やや反抗的な態度を取った生徒Ⅰに対して、いつになく厳しい口調で指導を行ったという。

C教諭は、指導後、即座に母親に連絡を取り、指導の経緯や内容とともに、担任・顧問としての思いや願いを報告した。

母親からは「先生、わざわざご連絡ありがとうございます。そんなことをするのはうちの子が悪いのですから、厳しく叱ってください。家でもしっかりと話をします。本当にありがとうございました」という返答であった。

このようなケースはどこの学校でも日常的に起こっている。昨今、教育現場で「モンスター・ペアレント」「ヘリコプター・ペアレント」というような言葉がよく使われるようになった。確かにごく一部に理不尽な要求をする保護者は存在するが、保護者との信頼関係が崩れてしまったその根本的な原因をつぶさに分析すると、意外なことに先の【ケース5】と【ケース6】に見られるような小さな違いなのである。初期対応時の「わずかなボタンの掛け違い」があるか、ないかの差であることが多い。

先手を打てば「丁寧な『説明』」、後手に回れば「すべて『言いわけ』」。この言葉も先述の野口氏が教育を語る際によく使われていた言葉である。経験の浅い学級担任としては、この法則を身に付けておくだけでも、保護者との良好な信頼関係の構築に十分につながる。

しかし、誤解のないように補足しておくと、この「先手を打つ」という言葉は、ただ単に「何かあれば、すぐに保護者に連絡しておこう。そうすればトラブルを事前に回避できるよ」というようなノウハウだけを示す薄っぺらな言葉ではない。

ここまで述べてきた子どもの「見方」「とらえ方」を十分に踏まえた上で、どのようなタイミングでの、どのような内容を「先手」と考えるか、によって「トラブル対応のマニュアル」から「より深い生徒理解と確かな信頼関係の構築に向けての真理」へと言葉の意味が大きく変化するのである。

3　自己指導力の育成

「生きる力」につながる「学び」

教師は子どもたちにこういう力（ゴール・目標）をつけたいと、さまざまな「仕掛け（教育方法の工夫）」をする。朝の子どもたち自身による司会や掲示物の作成も然り、係活動の役割分担も然りである。その際の担任のイメージは図8－3のようになっているのではないだろうか。

しかし、私はそのような「登山のイメージ」では不十分だと感じるのである。このことは学級経営のみならず教科指導においても同様であり、生徒指導全般において留意すべき点であると考えている。ゴール（ねらい・めあて）を頂上として、そこにたどりつけるようにさまざまな「仕掛け」（それらはしばしば「与える」「導く」「型に

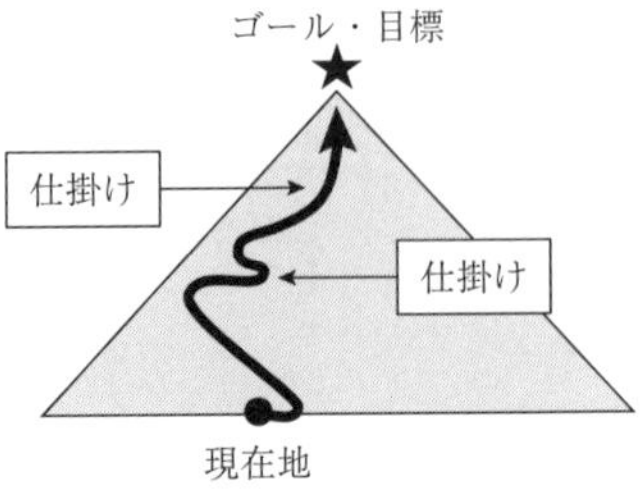

図８－３　登山のイメージ

出所：筆者作成。

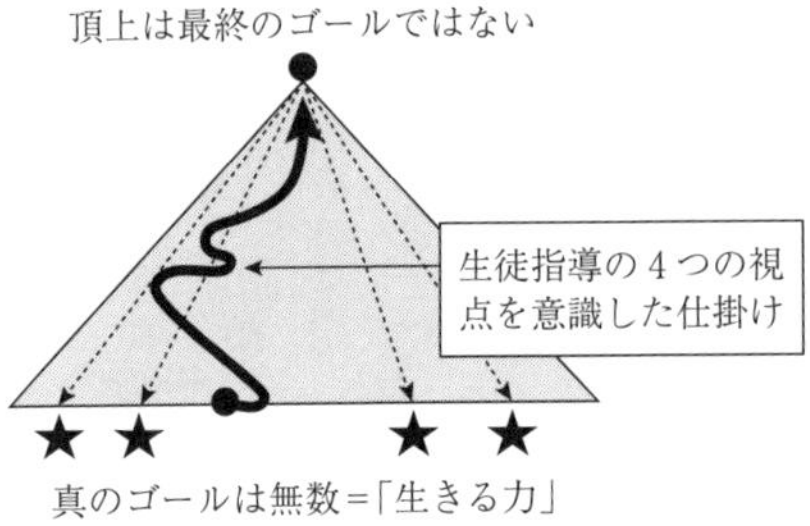

図８－４　真の登山のイメージ

出所：筆者作成。

はめる」という形をとることが多い）をするが、登山は頂上に到達したら「達成」と言えるだろうか。

「山に登った」という事実は、山に登って頂上に到達し、無事に下山したということをもって完成するのである（図８－４）。留意すべきことは、ふもとから目指すべき頂上は「ひとつ」だが、頂上から下山するときのゴールは「無数」に存在するということである。無数に存在する「ふもと」に戻ることができるかが「自己指導力」、ひいては「生きる力」に関わってくる。

つまり、教師はあらゆる教育活動において、自己指導力の育成に資するような「仕掛けづくり」を意図的・計画的に行わなければ、生徒の成長や変容にはつながらない。「仕掛けづくり」の段階においては、

(1)　自己存在感の感受
(2)　共感的な人間関係の育成
(3)　自己決定の場の提供
(4)　安全・安心な風土の醸成

という、「生徒指導の実践上の四つの視点」を参考にしたい[12]。既述の【ケース３】における担任のＦ子の思いへの共感性、【ケース４】においてＡ教諭が重要視していたＧ男の自己選択や自己決定、図８－１、図８－２に見られた学

級内での自己存在感や受容的・共感的な人間関係の育成、安心できる学級風土の醸成等は、生徒指導の四つの視点に大きく関連していることがわかるであろう。

【ケース7】「生きる力」につながる「学び」

ある日の体育の授業での出来事である。教科担当のD教諭は、生徒たちに向かってすぐにペアを組むように指示を出した。

すると、ひとりだけペアを組まずにたたずんでいるJ子の姿が目に入った。友人も多いJ子であり、いつもは見られない行動に違和感を覚えたD教諭は、そっとJ子に近づき、声をかけた。

「どうかしたのか?　なぜペアを組まないんだ?」

J子は少し気まずそうな表情でD教諭に、こう言ったという。

「今日は欠席もあって、このクラスは奇数の人数になります。このクラスにはなかなかペアを組みにくい子がいるので、あえて自分がひとりになるようにしただけです……」

D教諭はJ子の「誰にも気づかれないような『思いやり』」に感動し、どこかでこの出来事を他の生徒にも伝える方法がないかを考えているし、校長先生にも伝えたかったと言った。

よくあるエピソードかもしれない。私はJ子がペアを組むときにとった「誰にも気づかれないような『思いやり』の行動」の発動の仕方にも驚き感動したが、そのようなJ子の様子に即座に違和感を覚えて、そっと声をかけたD教諭にも感動したのである。

「思いやり」というのは、どこの学校でも道徳の授業で重要な主題として取り扱っているに違いない。「思いやり」というのは、ただ単に、困っている人に手を差し伸べましょう、というような形で発動するだけではない。むしろ、「思いやり」を受けた人が「思いやり」を受けたことにすら気付かないような「思いやり」こそ、究極の「思いやり」とは言えないだろうか。

もっとも、このエピソードについては反論する教員も存在した。「自分なら、その日の授業に参加している生徒の数をさっと数えて、そもそも誰かが『独りぼっち』にならないように事前に配慮しますよ」。もちろん、そのような配慮も正しい。私が伝えたいのは、「どちらの指導が正しいか」というマニュアルではなく、個々の生徒や集団の状況や発達段階、さらに教師が目標とする生徒の姿等を十分に踏まえた上での「仕掛けづくり」や「その評価のあり方」も教員は考えるべきではありませんかということである。そして、時には、子どもたちにあえて「困難さ（不便さ）」を与えるという「仕掛け」もありうる、ということなのである。

子どもたちが卒業後、歩んでいく道は、いつもアスファルトで舗装された道とは限らない。砂利道であっても、学校生活で学んだことが生かされるような教育のあり方をさまざまな場面で考えてほしいということである。

教師の想定を超えた子どもの「学び」

【ケース８】子どもは教師の想定を超えてしたたかに学ぶ

【ケース４】でＡ教諭と不登校に陥ったＧ男との関わりについて紹介した。Ｇ男は、不登校状態を乗り越え、その後は何事もなかったかのように元気に登校できるようになったことは、先述のとおりである。

以下の文章は、学級解散を間近に控えた三学期の末に、学級の仲間に対してＧ男が書いたメッセージからの抜粋である。A教諭は、G男が自分の不登校に関して、学級の仲間や自分自身（A教諭）に対してこんなことを思っていたとは気付かなかったと私に報告してくれた。


（前略）この1年はすべてが初めての年で、大変なことも、辛いこともいっぱいあったけれど、途中から学校に来た自分のことを「一人のクラスメイト」としてあつかってくれてありがとう。

最初はどうなるのかって心配しかなかったけれど、みんながよくしてくれて、復帰することができて、本当によかった。

毎日、毎日、明日自分が学校に来ないことが目に見えてわかっていても、「お便りカード」を書いてくれた班の人たち、学級日誌に心配しているコメントを書いてくれた人、自分の長い話を聞いてくれた先生方、本当にみなさんがいてくれなかったら、自分がこうして一から再スタートすることはできなかったと思う。

次は自分がそういう人になれれば……と思わせてくれるような人たちがクラスメイトや先生にいてくれて、本当によかったです。

もうこのクラスは終わるし、少しさみしいけれど、これもまた新しいスタートだと思ってがんばります。短い時間だったけれどありがとう。


この生徒は、不登校という辛い経験を乗り越えるプロセスを通して、学級の仲間や教師に対しての深い感謝の念を感じるとともに、自分の今後の生き方に関して、そこに期待や決意さえしているように思われないだろうか。A教諭が目標としていたゴールを超えて、まさしく「手のひらからとび出す『学び』」を得たように私には感じられる。そのことは当該のG男だけではなく、このメッセージを受け取ったG男の学級の子どもたちにとっても貴重な学びにつながったと私は信じたい。

アルベルト・アインシュタイン（Albert Einstein, 1879-1955）は、「教育とは、学校で学んだことを悉く忘れ去った後に残るもののことをいう」という言葉を残している。[13]

子どもたちが学級（学校）生活を送るなかで、どういう授業を受け、どのように感じながら時間を過ごしてきたか、またどんな仲間や先生と出会って、別れて、そのなかでどのような問題が起きて、自分はそれらにどう向き合い、どのようにして解決してきたのか……担任は実践的なHow toを超えて、「多角的・多面的な生徒理解」と「生徒・保護者との確かな信頼関係」を基盤にしながら、子どもたちの心のなかに、卒業後も「生きる力」につながる「記憶」を刻み込みたいものである。

第九章　主体的に生きる生徒を育む学級経営

私はこれまで中学校一年から高等学校三年まで全学年で担任を経験し、学級における経営のあり方について、生徒の実態に応じさまざまな実践を行ってきた。いろいろな小学校出身の生徒が集まる中学校、さらに通学区域が広がり人間関係が広がっていく高等学校では、発達段階や学習状況、家庭環境、個人の進路希望などに応じて、学級経営の方法は変えていかなければならない。また、新たな社会や世界に対応するため、生徒につけさせたい力も変化してきている。ＡＩが発達し、グローバル化していくこれからの時代に向けて、生徒を育むためにどのような教育活動を行っていけばよいのか、教師は常に考え模索していかなければならない。同じ方法を継承するだけでなく、目の前の生徒に応じ、時代に応じ、主体的に変革していくことが大切である。

本章では、中学校から高等学校までを見通して、何を重要視し経営していけばよいのか、これまでの経験を踏まえ、学級経営に求められるものとは何かについて述べる。

一　中学校と高校の学級経営について

1　中学校の学級経営

教科担任制である中学校では、小学校に比べると学級担任が学級の授業の内容や様子を把握することは難しくなっていく。毎朝生徒と顔を合わせるものの、日常生活で何が起きているのか、どんな会話のやりとりがあったのか、担任が知らないところで起きている出来事やエピソード、トラブルなどが多々ある。接する時間が少ないからこそ、担任自ら工夫し、情報を集めていかなければならない。

一方、生徒たち同士の関係づくりも大事である。教科で連絡された移動教室の変更や宿題の内容などについては、担任はすべて把握できないが、生徒たちは同じ学級で授業を受けている仲間と確認し合うようになり、担任よりも学級の仲間と関わる時間のほうが多くなる。そのような中で、どのようにして生徒間の人間関係を築かせていけばよいのだろうか。

クラス目標を自分たちで

「どんなクラスにしたいか」について各班で話し合い、各班の意見を学級委員・副学級委員たちが黒板に全て書き、みんなの意見を反映したものをうまくつなげて、生徒たちで一文を完成させる。その際、文字数を学級の生徒数にすることに私はこだわった。それは、生徒全員に一文字ずつ自ら書かせるためである。しかも、墨をつけた筆で書かせるのだ。

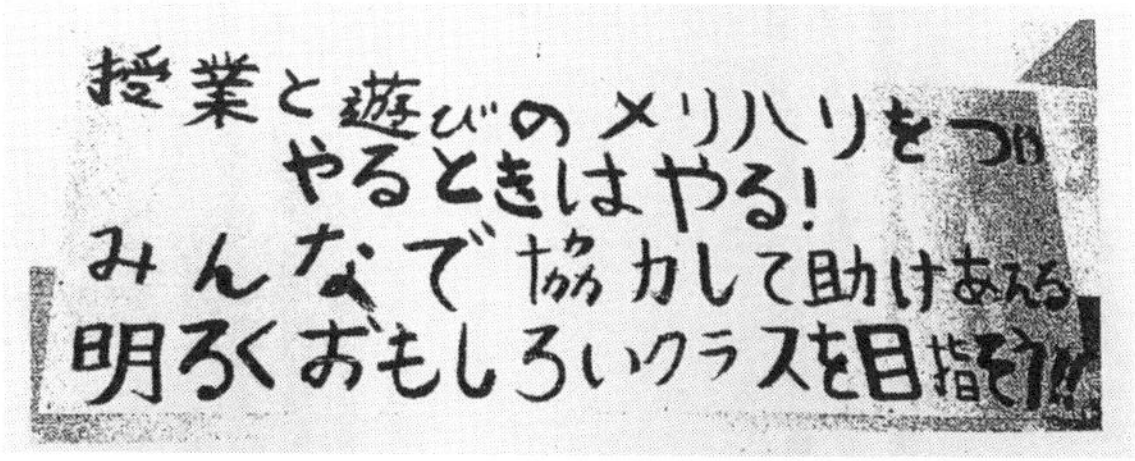

図9-1　完成したクラス目標

「この模造紙に、この筆で、一人一字ずつ書いていこう」と私が言うと、たくさんの生徒が「えっ、先生、いきなり?!」「下書きもなしで？　筆で?!」「このホームルームの一時間で完成？」とかなり驚くが、完成した目標は、世界に一つしかない素晴らしい作品となり、みんなとても満足気な表情になるのであった。

なぜ、線も下書きも書かずに、いきなり書かせるのか。

それは、きれいに書くこと、みんな同じ大きさで書くことが大事なことではないからである。字の大きさは同じでなくても、曲がっていても、人それぞれ違っていても構わない。一つの模造紙に、みんなが寄せ合い、書き上げることができれば、クラス目標の大きな意味を持つからである。

書道歴が長い私にとって、墨や筆を準備し、教室に新聞紙を広げて書かせることは面倒なことではなかった。しかし、教室が緊張感ある雰囲気になり、みんな真剣そのものであったので、担任の私も緊張してきた。作成するときは教室の机を全部後ろへ引いて床で一人ずつ順番に書かせるので、生徒はお互いの書いている様子が見える。行の最初を書く生徒は、不安がありながらも、大きく悠々と書き始める。案の定、右側の字は詰まってきて「最後まで、書けるだろうか」と、担任の私以上に、生徒たちが心配をし始める。でも、みんなうまく字のサイズを調整し、全てがおさまるように工夫し、見事に完成させた（図9-1）。

完成した後には必ず生徒たちに、「これが、まさにクラスそのものである」と話をする。いろいろな考えを持った人がいる中で、どのようにまとめていくのか、どのように個性を発揮していくのか、これが一年間の課題であり、目標であると。最初に書いた人たちは堂々と書くことができたけれども、後半の人たちがうまく調整してくれたことも忘れずに。相手を思う気持ちが集団生活では大事であり、いろんな場面で、感謝をしたり謝ったりすることはあるけれど、お互いに助け合い高めあっていけるようなクラスにしようと。

この目標は、まさに、生徒たちの手で作成されたものである。担任がつくるのではなく、常に一緒にいる学級メンバーとともにつくりあげた目標であるからこそ、実現しようと努力できるのである。みんなを見守ってくれるように、また、常に最初の頃の気持ちを忘れないように、この大きなクラス目標を一年間教室に掲示した。

学級の様子を理解する班ノート

年間を通して、学級ではさまざまな出来事が起こるが、一番困ることは、担任が学級の様子をつかめていないことである。数学の少人数授業を展開していた時は、学級の生徒たち全員を教えていなかったので、生徒が日々どのようなことを感じ、どのようなことで悩んでいるのか、毎日の様子がわからず大変であった。人間関係で問題が起きたときは、担任は誰と誰がうまくいっていないのかを日頃から把握した上で関わっていく必要があるが、授業を担当していないと人間関係などが理解しにくい。

そこで私は、日頃の学級の様子を把握するために情報を収集しようと考え、大学ノートを半分に裁断したものを班に一冊ずつ準備し、毎日順番に記入する「班ノート」を配布した。その日の出来事や感じたこと、困っていることなど何でもよい。人を不快にさせることは書かないことのみを約束とし、毎日交代で順番に記入をさせることにした。生徒たちの書く力や表現力を向上させたいという思いもあった。生徒たちは、初めは少ししか書かなかったが、慣れてくると、授業中の何気ない会話や教科の先生のことなど、直接には話さないような、ちょっとした出来事なども書くようになり、いろいろな情報がこちらにも入り、とてもありがたかった。「あの科目で、もうすぐ小テストなんだ」「提出物の締め切りがあらゆる科目でこの日に重なっているんだ……だから○○さんは休んでいるのかな」など日々の授業の内容をつかむことができた。

班ノートは、毎日終礼で回収し、必ずその日の放課後に読み、感想を添えて翌日の朝で返却、担任と班員との交換日記のようにした。「学級日誌」もあるが、それは四〇人学級であれば順番は二か月に一度くらいしか回ってこない。しかも学級日誌は記入する量が多く、個人の感じたことを書いたりする時間がない。班ノートは、時間割などは書かなくてもよいので個人の気持ちを表すことができる。びっしりと文章を書く生徒もいれば、「教室の風景」と題した絵を添えた生徒もいて、それぞれの個性がよく出ていた。

担任が学級の様子を知るだけでなく、生徒たちも、班の人が書いた文字を読み、周りの人がどんなことを考えているのか、話すことはなくても、ある出来事に対するお互いの感想や気持ちを知ることができ、順番が回ってくることを楽しみにするようになった。普段は話さないような話題も書くことができ、担任と班員との交換日記は、班のメンバー同士の交換日記にもなっていき、考査や行事前などはお互いが励まし合うようになった。

担任も、班ノートから知った学級の様子をきっかけに、教科担当者に詳細を聞きにいったりすることができ、教科担当者も生徒の感想を楽しんで読むこともあった。一日に六班分のノートを読むことは、全く負担に感じることはなく、むしろ楽しみであった。

そして、班ノートに書くことができないような悩みは、生徒が直接、相談してくるようになり、つながっている証だと思った。班ノートの題材をきっかけに聞いたり、生徒も班のことや友達のことを担任に話したりすることができ、日々の積み重ねが活かされていることを実感することができた。

担任は常日頃から学級の様子に関心を持ち、しっかり把握した上で、経営をしていかなければならない。毎日誰かに情報を聞くことはなかなか難しく、そう簡単に情報は入ってこない。だからこそ、生徒からの情報源としての班ノートはかなり有効であり、生徒にとっても担任にとってもありがたいものであった。

2　高校の学級経営

高校では、さまざまな中学校出身の生徒が集まり入学してくるため（四〇人学級で、三五の中学校出身の生徒を担任したこともある）、これまでの学校教育の違いもあれば、文化が少し異なる場合もある。地元が同じ仲間ばかりではなく、電車やバス・自転車を乗り継ぎ通学する生徒が増え始め、朝早く家を出る生徒や、部活動の朝練でひと汗かいてから、教室へやってきて朝ごはんを食べる生徒など、生活習慣もさまざまである。それぞれの環境に違いがあり、学力にも少しずつ差が出てくる。

また、高校では同じクラスであったとしても、常に一緒に授業を受けるとは限らず、共に過ごす時間は中学時に比べ少なくなる。選択科目の授業が増え、朝のホームルーム後から最後の掃除時間まで会わない仲間もいる。高校生は非常に忙しく、休み時間は休憩するだけでなく、部活動の準備に体育館やグラウンドへ行ったり、授業の予習や復習、わからないことを質問しにいったりする生徒もいれば、再テストで教科担当の先生に呼び出されている生徒は単位を取るために必死に勉強している。友達と話すことよりも、それぞれが各自のやるべきことをやりながら、合間に会話をしているような感じである。このような生活を送っている高校生に、担任としてどのように接し、学級経営をしていけばよいのだろうか。

協働力を高める学校行事

高校は行事数も少なく、準備期間は非常に短い。授業数確保のため、遠足をなくしている高校も増えてきているようである。だからこそ、一つひとつを大事に、生徒にとって思い出に残るような取り組みにしていきたい。また、日頃は一緒に過ごす時間が少ない仲間同士であっても、協働して取り組む経験から、全員で一つのものを完成させる喜びや達成感、人間関係づくりについて学び、卒業後の社会において必要なコミュニケーション力を身に付けさせていきたい。

放課後は、部活動の時間や進路に向けての面接練習など、予定が詰まっている生徒も多い。高校生は自分の予定を優先してしまい、学級に協力せず、行事に参加しない生徒も、中学生に比べ増えてくる。みんなで取り組む貴重な時間は、進路や部活動のことは考えず、真剣に集中して取り組むよう、担任が初めに呼びかけ、見守り続けていくことが大事である。

特に体育祭や文化祭は、学級全体が一つになって取り組む大きな行事である。賞を目指しながら、たとえ入賞しなくてもそのプロセスを楽しみ、決められた日程のなかで、自分たちのアイデアを出し合いながら創意工夫をしていくのが高校生である。これまで生徒たち自身が行ってきた経験や知見もあるため、短い準備期間のなかで完成させる能力の高さにこちらが驚かされることもある。

体育祭では作戦を立てて走る順番を組み替え、大縄の回し方をビデオ撮りして分析したり、文化祭では知識や技術を日に日に向上させ、劇団のセットのような作品を仕上げたり、自分たちの限界に挑戦しようと努力する。それぞれの個性をうまく発揮し、お互いに認め合い協力して取り組んでいる。

いつも一緒にいるクラスメイトではないが、それぞれの意見や考えを聞きながら共に取り組むなかで、少しずつ互いに理解を深めることができるため、ほとんどの生徒が、卒業後もいろんなエピソードを語り懐かしく振り返るのが、体育祭や文化祭の準備期間の話である。

行事を通し交友関係を広めていき、友達のさらに友達と仲よくなっていく。同じ学級の仲間が部活動で活躍し表彰される時は心から賞賛し、コンテストで入賞した友がいれば祝福し共に喜ぶ。常に一緒に授業を受けているわけではないけれど、同じクラス、同じ学年、同じ学校という、自分とつながっている人たちを集団の仲間として認識し、高め合っていくことができるようになっていく。これまで小学校・中学校で育まれてきた集団意識が、しっかり根付き成長し、さらに同じ地域や国、世界の人々への思いやりへと成長していくことがわかる。

数少ない学校行事だからこそ、生徒にとって思い出に残る、充実した取り組みになるよう企画し、行事に向けた活動を通じて、協働力やコミュニケーション力を高めていきたい。

社会問題を考える朝のホームルーム

高校は卒業後の進路が数え切れないくらいたくさんあり、まずは就職するのか進学するのかで大きく分かれる。進学であれば、大学か短大か専門学校か、希望する学部・学科はどこか、どのような選抜方法で入学試験を受けるのか、など選択肢は無数にある。仲のよい友達と同じ進路希望で、というわけにはいかず、自分はこれから何を学んでいきたいのか、どのような仕事に就きたいのかを具体的にしっかり考えなければならない。

しかし、現代の社会は目まぐるしく変化し、技術革新により、いま存在している職業がどうなっていくのか、新たに創出される職業も含め不透明である。これは、これからもずっと続いていくであろう。大学においても、理系や文系という枠に囚われず文理系のような総合学部も増え、大学入試改革も始まり、総合問題や小論文・プレゼンテーションなど、これまでと違った選抜方法も多くの大学で導入されている。知識技能を身に付けるだけでなく、日頃から視野を広げ、社会の状況を常にキャッチし、自分にできることは何かを考え、見つめる力が求められる。

そこで私は、学級という集団で生活しているからこそできることはないかと考え、関心を持った社会問題についてみんなで互いに情報を共有させるため、毎朝のホームルームで担任からの連絡の後に、今朝の新聞記事のなかで気になった内容について、日直に説明とコメントを発表させるようにした。生徒は、日直の日の朝は少し早起きをして新聞記事をチェックし、どれを説明するのか、どのようにコメントするのかを考えた。

最初は、やはり一面記事を取り上げる生徒が多かったが、少しずつ変化が表れ、経済記事や国際問題、スポーツ記事について述べる生徒も出始め、知識量だけでなく思考力に驚かされることもあった。高校生らしい視点でよいので、必ず自分の意見や今後に向けてどうすればよいかなどを付け足すようにすることで、全員が一つの記事について深く考えるようになった。解釈が間違っている場合には担任から訂正し、また「他国では○○のような課題を抱えている」「歴史的背景には○○があるから」など付け加えて説明し、今後さらに調べるよう促すこともあった。

毎日行うなかで、生徒たちも少しずつ慣れていき、さらに思考力や表現力を身に付けさせたいと思い、「それでは、明日の日直さん、さらにコメントをどうぞ」と、今日の日直のコメントの後に、次の日直に即興で意見を述べさせる流れに変更した。今日の日直がどのような記事を説明するのかわからないので、急にコメントを求められても、と困惑する生徒もいたが、みんな少しずつ慣れていき臨機応変に意見を述べるようになった。日直の説明した記事を、その夜にテレビのニュースで見て「今日○○さんが言っていた記事だ」と知らなかった問題に関心を抱くようになった生徒もいるようである。生徒たちはニュースを毎日欠かさず見るようになり、ネット記事だけではなく、いろいろな新聞記事も見た上でコメントを考えるようになった。

集団で過ごしているからこそそのよさを活用し、一人では身に付けることができない力を大事にし、新聞記事コメントを継続して行った。朝のホームルームで、担任からの諸連絡よりも、この新聞記事コメントの時のほうが、前のめりで静かに聞くようになったのは、喜んでいいのやら、である。

普段から視野を広げさまざまな話題に興味を持つことは、進路や人生を考える上で大事なことである。継続すること、一人ではなくみんなで行うことには大きな意味があり、それは集団生活を送ることができる高校時代の今しかできないものだと考えた。そして高校を卒業した後も、継続して自ら社会問題に関心を持ち、調べ、解決していってほしいものである。

二　理解を深める生徒面談

中学生には、聴きながらも指導を

中学生の人間関係はころころ変わり、昨日まですごく仲のよかった友人と、急に一言も口を聞かなくなることもある。一度もケンカや揉め事が起こらない学級はない、と思っておいてもいいであろう。「生徒は人間関係に悩むことを経験しながら成長していく」「生徒が感情を表現したり喧嘩をしたりすることは成長している証」というくらいの気持ちで捉え、悩んでいる生徒が担任に相談できるよう、日頃から生徒とつながっていること、いろんな支援ができるようにしておくことが大切である。先に紹介した班ノートだけではなく、定期的に時間をとって面談をし、話す時間をあえてつくることが必要である。

生徒の話を聴くことも大事であるが、中学生の場合は、じっくり聴きながらも、話し、教え導くことも必要である。本人もなぜだかわからない感情から行動したり、理由が明確でないけれどもやってしまったり、話を聴いている中で冷静になれば物事を整理することができる場合もある。そのような繰り返しの中で、今度はどうすればよいのかを教えて成長させていくことが大事である。

毎日のように喧嘩をしていた生徒が、継続して指導し、常に見守っていく中で少しずつ変化し「先生、今回は手を出す前に、我慢してみたよ」「今日は俺が喧嘩を止めたよ」など、リーダー的な存在として活躍できるようになることもよくある。過去を振り返り、成長してきたことを生徒自身も実感できた時は、担任としても嬉しく感じる。これは高校生よりも中学生に多く、思春期にある生徒たちがいかに悩みながら成長しているかということだと思われる。

中学二年生では、学級だけでなく部活動の先輩と後輩、同級生の間での問題も増え、人間関係についてこれまで以上に考え、悩むようになっていく。中学三年生になると、最上級生として引っ張っていく部活動のことや、初めての受験に向けて各自の進路についても悩み始め、仲間と過ごす楽しい日々がいつまでも続くわけではない。そのような時にも担任は学級全員、一人ひとりと会話をする機会を積極的につくり、生徒の様子を見ながら全員が同じ教室で過ごす毎日が楽しく感じられるような経営を心がけていく必要がある。

高校生には、考えさせる面談を

高校生は、中学生に比べ、落ち着いてきているから、なんでも自分で解決できるだろうと思われがちである。しかし、悩みを難なく自己解決できるほど、精神的に成長している生徒ばかりではない。解決策を見いだせず引きこもってしまう生徒や自暴自棄になってしまう生徒も増えている。担任は、生徒の様子の変化に早めに気付き、指導やサポートができるようにしていかなければならない。

家庭状況や友人関係、通学手段、中学校時までの活動状況などを本人から聞き、部活動の様子や進路などについて、面談をしながら理解することが大事である。

たとえば、遅刻が多くなっている生徒にしても、学校から徒歩五分のところに住んでいる生徒なのか、一時間以上かけてバスや電車を乗り継いで通学している生徒なのかによって起床時間、就寝時間が異なり、生活スタイルも違ってくる。「みんな遅刻しないように」と注意するだけでなく、個別に話をしていくことが必要である。「夜遅くまでゲームをして起きられない」という生活リズムの乱れが原因の自宅から徒歩五分の生徒もいれば、「実は満員電車で、しんどくなった経験が何度かあり、どうしても時間を遅らせてしまう」と通学経路について悩みながらバスと電車を乗り継いでくる生徒もいる。本人は誰にも相談できず、ずっと悩んでいたようであったが、別ルートを紹介したところ、少しだけ早い時間の起床になるが、空いている電車に乗ることができ、遅刻を減らすことができた。

「相談があれば来なさい」というシステムでは、高校生になればなおさら、自ら担任のところへ行きにくいものである。やはり定期的に面談週間を設けて話す機会をつくり、あとは個人の悩みに合わせて相談に来るような関係にしていくことが大事である。

定期的な面談については、担任が面談日時を決めてもよいが、高校生はさまざまな予定を抱えているものである。私は毎回、面談をする時には教室のカレンダーを活用し、設定した面談期間内で都合のいい日時を生徒に選んでもらい、予約の名前を全員に書かせるようにしている。部活動で放課後忙しい人が多い時には、昼休みにできるかぎり優先させてあげてほしいこと、習い事や通院など予定がわかっている場合はそれを考慮して書いてほしいこと、じっくり話を聞いてほしい人は放課後のラストに、など最初に話しておき、個人が面談日時を選ぶことができるようにして生徒自身に決めさせる。こちらも会議など予定が入っている日はあらかじめ「×」と記入しておき、しっかり話ができるよう、お互いの都合のいい日時を予約する方式で行う。

面談場所は、できる限り相談室などを予約し、もし空いてなければ、人通りが少ない廊下を見つけて丸いすを二つ持っていって行う（意外とその方が話しやすいこともある）。

「高校生になると面談を嫌がらないですか」とよく聞かれるが、不思議と生徒は面談の時間をしっかり覚えており、自分の予定を考えて選んだ時間なので忘れず遅れず面談場所へやってくる。ほとんどの生徒は話を聞いてほしいと思っているようで、さっさと早く終わるようなことはない。予定していた時間で終わらず続きが必要な場合は、面談週間以外のところで延長して継続して聞いていくことにする。

勉強については、時間の使い方がうまく、自分で目標を決めて取り組むことができる生徒もいれば、部活動に追われ、学習に力が入らず逃げてしまっている生徒、勉強しても学力が身に付かない生徒など、抱えている悩みも違う。高校生は自分で時間を管理し行動することが増え、個人の能力次第になることもあり、差はどんどん大きくなっていく。学習に悩んでいる生徒にとって毎日の授業は苦痛で辛く、課題も終えることができず、だんだんと休みがちになっていく。何がわからないのかもわからず、伝えられなくなり、一人で悩んでいる生徒もいる。昔に比べ学習支援が必要な生徒も増えており、同じ指導ではうまくいかない場合もある。

だからこそ、早くから一人ひとりに話を聴く時間が、中学校以上に求められるのかもしれない。高校生という年齢ではなく、発達段階に応じた対応や環境が必要なのだと考える。

生徒の話をよく聴き、一度の面談で解決していくことを目的とせず、継続して見守っていくことができるよう関係を築き、共に選択肢をいろいろ見つけながら、最終的には生徒自身が自己解決するように導いていく面談を心がけている。

三　保護者との連携

中学生の保護者には、家庭でも見守りを

中学校では、思春期の生徒の家庭での様子を理解するために、保護者との連携は非常に大事である。生徒が休んだ時はもちろんであるが、何か気になることなどがあれば保護者に連絡をとり、電話だけでなく家庭訪問をし、会って話を聴くことも必要である。家での様子を聞いたり学校の様子を伝えたりする中で、日頃は見せない生徒の一面を知ることができる。

日頃から話ができる関係であれば、保護者から、子どものことで気になることがあったときに早めに相談してもらえるようになり、情報をもらっていたおかげで、大きな出来事になる前に対応できたことも多々あった。学校や担任を信頼してもらうためには、担任がいつも生徒のことを思って行動していることが、しっかり保護者に伝わっているかが重要である。

最初は対応が難しい保護者の場合は、むしろ、逃げずに話す機会をつくっていった。理解してもらうことだけを目標にするのではなく、継続することを目指すようにし、しんどくても時間をかけて繰り返し話をしていくなかで理解を得られたこともあった。これは生徒に対する指導と同じかもしれない。

中学生への指導は、学校だけでなく家庭での指導もなくてはならない。保護者懇談会の際に、こちらがお願いをする場合でも「よくわかってくれている先生からのお願いであれば」と協力してもらえることもあり、お互いが風通しよく情報共有できるようにしておくと、生徒のことや保護者のことがよくわかり、学級経営もしやすくなる。学級通信を通じて日頃の様子を伝えていくことも大事なことである。

支援が必要な生徒の場合は、保護者に「お母さん、二週間に一回、定期的に面談をしていきませんか」と提案し、直接会って話す機会をつくったこともあった。夕方は忙しい保護者も多く、授業の空き時間に来てもらうことになるので、担任にとって大変なことのように感じるが、逆にその時間があることで生徒理解が深まって指導もしやすくなり、迅速に保護者にお願いをしたり自分の指導を改善したりすることもできた。保護者も家庭で困っている話を聞いてほしいと思っておられ、お互いにとって貴重な面談時間になった。このような関係も早いうちから築いていくことが重要である。

高校生の保護者には、生徒の行動に関心を

高校では学校の行事が減り、保護者が来校する機会は中学時よりも減っているので、担任が保護者と会って直接話す機会は少なく、また保護者も子どもに任せることが増え、家庭内での関心も会話も減ってきているのが現状である。生活リズムも違い、子どもがいつ寝たのかわからないと言われる親が多い。

しかし、高校生になると学習や友人の悩み以外に、家族内の悩みも増えている。その内容が本人の進路希望の悩みとつながっていることもあり、勉強に思うように取り組めず成績が上がらない原因になっていることも多い。

担任として、何かの機会で保護者へ電話連絡をするときには、日頃がんばっていることや変化してきたことなどを伝えるよい機会と思い、要件だけで終わらず、日頃の様子を伝えたり聞いたりするようにし、コミュニケーションをとるように心がけている。生徒指導案件や、遅刻や欠席、成績不振など、改善してもらわなければならない指導については、できるかぎり来校してもらい、これからの進路に向けてがんばれるように、生徒の成長のための指導であることを直接話し、協力を願う。話す機会が少ないからこそ、家で保護者が苦労されていることを聞き出し、一緒に改善していこうと共有し、関係を築いていくようにする。

進路相談については、生徒自身から保護者に希望をしっかり伝えるようにさせているが、難しいようであれば三者面談の機会に伝え、話し合うようにしている。保護者から後日電話があり「面談中、家の顔と全然違うのでびっくりしました。あの子、よく話しているんですね」「進路希望についてあんなに強い意志を持っているとは知らなかったので驚きました」と生徒には内緒で、その場では言えなかった親の気持ちを伝えてもらえることもある。

普段からあまり会話をしていない家庭の場合、面談途中から親子喧嘩が始まることもある。「親が厳し過ぎるから進路の話を家でしたくない」と言う生徒に対し、保護者には保護者で、また思いがあり「家庭での怠けている様子から考えると、本人の進路希望を認めてあげたいとは思えない」と本心を語り、ぶつかり合い、親子とも泣き出してしまう面談になったことも何度かある。それはそれで、その親子にとって必要な貴重な時間であり、家では話さない両者がどのようなことを考え、こじれているのかを聞くことができ、親子の行動が変わるきっかけになるよい機会だと私は思っている。

家の事情などから、希望しているような進路選択ができない生徒もいるが、やりたいこと、学びたいことができる方法をしっかり考え、その目標に向けて努力しているかが進路実現に向けては重要なことである。一方、保護者も子どもに関心を持ち、日頃から思っていることを聞きながら、理解しようと行動しているかが、子どもの進路決定に大きく影響する。就職か進学か、自宅から通うことができる大学か他の都道府県の大学か、話し合いが日頃からされていれば、親の思いを汲み取りながら、子どもはしっかり自分の進路を考えていこうとするのである。

生徒と保護者が「もっと話し合いをしておけばよかった」と後悔しないよう、担任は親子で話し合う機会を設け、生徒には自己選択させるような面談を行いながら望む進路を実現できるように努力をうながす。そして保護者には生徒に関心を持ってもらうように話し、理解を求めていくことが大事である。

四　学級経営とキャリア教育

「将来、何になりたいか」「どのような仕事をしたいか」と小学生に聞いたとき、児童はどのような選択肢からその仕事を選ぶのだろうか。周囲の身近な大人が就いている仕事や、インターネット・テレビなどを通して知った仕事が多いだろうか。自分で創り出した職種を考えている勇敢な子どもがいれば頼もしいことであるが、「安定の公務員」という小学生も中にはいるようである。小学生にとって、公務員の魅力は何なのだろうか。

中学・高校へと進学するにつれ、選択肢の幅は広がっていくが、自分の力量や適性を少しずつ考え始め、現実味を帯びていく。また、具体的なことまで考えるようになり、たとえば看護師になることを目指す生徒は、助産師または保健師の資格も取ることができる大学などを調べ、大学院に進むかどうかまで考える。化学の分野が学びたい生徒も、農学・理学・薬学によって内容は異なるので、自分が将来、化学の研究を活かし、どのような仕事に就きたいのかをしっかり考え、それぞれの目的に見合った学びができる進学先を考えるようになる。では、自分がやりたい仕事とは何であろうか。

進路を決めるのはいつか

幼い頃から決まっている夢があり、物心ついたころから変わらず、ずっと同じ進路を決めている生徒もいるが、日々の生活の中で迷いながら決めていっている生徒のほうが大半である。集団で生活し、多くの人と関わり過ごしているなかで「自分は人と比べて、こんなことができるんだ」「こんなことが好きなんだ」と認識し、自分が得意とするものや興味関心があるものに気付き、「自分は何が学びたいのか」「何ができる人物なのか」を見極め、進路選択をしていく。適性や能力、個性というものは、一人で生きている中では気付くことができず、集団生活を送っているからこそ見えてくるものであり、個性をどのように発揮し将来社会に貢献していくのか、自分のやりがいがある仕事を見つけていくのか、学校生活はそれらを児童生徒に発見し気付かせることができる場である。

教科書を読み学び、年齢を重ねていけば、誰もが自然と進路を決定できるのではなく、キャリア発達には、外部からの働きかけや、いろいろな活動に挑戦をしていく経験や知見の積み重ねが必要である。教師は、小学校から高等学校まで体系的に工夫し、目標に向かって計画的に取り組ませたり、設定された中で考えを巡らし創意工夫をさせたり、同じ活動であっても目標やねらいを変化させ、いろいろな活動に児童生徒が挑戦させていくことができるよう、それぞれの発達段階に応じて指導していくことが大事である。

今の時代は、職種も大きく変化し、新たな仕事も生み出され、技術革新によって増えたりなくなったりしている。これさえ学ぶことができればよいというような活動はなく、生徒がいかに主体的に学ぶことができるかを考え、教え導くことが重要である。進路決定をする時期は、みんな同じではなく人それぞれである。この活動が生徒にとって進路を決める大きなきっかけになるかもしれない、と思いながら企画していくことが大事である。

キャリア教育につながる活動

卒業して社会に出れば、サポートしてくれる担任が常にいるわけではなく、自らの力で、さまざまな意見や考えを持った人とお互いの意見を受け入れながら合意形成していく力が必要になってくる。家族以外の人たちと仕事をしていく上では、これまでいかに多くのコミュニティで協調性を身に付けてきたか、どのような経験をしてコミュニケーション能力を高めてきたのかが大きく影響してくる。学校という集団生活の中で、相手のことを考え、思いやりを持って接することや、リーダーシップを発揮する経験などを積み重ねていくことが大事である。以下に、実際に行った具体的な活動例を二つ紹介しよう。

①　中学生の団結力

以前、私が中学校の文化祭で演劇に取り組んだとき、「学級全員で気持ちをひとつにし、みんなの気持ちを舞台に！」を合言葉に取り組んでいた。

初めての演劇に挑戦した中学生たちは、押しつぶされそうな緊張と共に体育館の舞台に立ち「自分たちがやってきたことをすべて出しきり、最高の舞台を演じきろう」を目標に、緊張しながらも堂々と演じ始めた。担任は、当日までの活動は本当に大変だが、開演すれば無事に終わることを祈るばかりである。

しかし、開演後すぐに、体育館の舞台上にある中幕の滑車が壊れて動かなくなるという、思わぬハプニングが起きた。何度もリハーサルをしてきたが、そんなことはこれまで一度もなく、教職員も対応に困り焦った。中幕の後ろには、生徒たちが作成した大道具や絵画が置かれている。キャストだけでなく、大道具、小道具、照明、音響すべてで舞台を完成させると言ってきたが、幕が開かなければそれを観客に見せることはできない。

これ以上どうしようもない、もう中幕は開かない、と判断した生徒たちは、舞台袖にいる全員に伝え「中幕をみんなで持ち上げて、少しでも後ろの大道具が見えるようにしよう」「できるかぎり観客に俺らは見えないように！」と自分たちで静かに幕を上げ、隠れてじっと耐え続けることにした。懸命に中幕を持ち上げている生徒たちの手は観客にも見えていたが、無事に最後まで演じきることができた。

演劇を終えたあとの教室での反省会で「こんなに練習してきたのに、最高の舞台を演じきれなかった」と落ち込んでいるかと思っていたが「文化祭を通して全員がひとつになれたと思った」「ハプニングがあったけど、みんなが一緒になって乗り越えることができて感動した」「舞台裏のみんなも頑張って幕を持ち上げてくれているのがわかって、最後まで演じきらなければと思った。みんなありがとう」と誰も悔しい気持ちを口に出すことはなく、お互いに評価し合うことができた。これまで取り組んできた日々の中で、学級全員が団結することができていたから、咄嗟の判断で必死に全員が幕を持ち上げたのだと思う。文化祭は、最高の舞台を演じることだけではなく、みんなが団結することが目標なのだ、と生徒たちはしっかり理解していたのだった。

このように、リーダーとフォロワーの立場を理解しながらも、チーム全員で互いに支えあいながら活動する経験は、さらに協働する活動へつながっていく。みんなで一つのものを協力して共に成し遂げる経験ができたからこそ、楽しかった思い出で終わらず、これからの人生においても大きな原動力となっていくのだ。学級活動を通し、コミュニケーション力を身に付け、積極的に他者と参画していく姿勢を持ち続け、これからも人間関係の大切さを学んでいってほしいと思う。

② 高校生のグループ研究

高校の「総合的な探究の時間」などで行う課題研究では、自分の考えだけでなく、他の意見を取り入れながら多くの情報のなかで考察していき、論理的に整理し実行していく選択能力を身に付けるため、個人研究ではなく、学級を班に分けてグループで研究することが多い。

しかし、うまく展開していくグループはほとんどない。研究している課題の答えは一つではないため、データや資料からどのような仮説にするのか、論文やアンケートをいかに活用していくのかなど、一人ひとりの考え方によって、グループ議論は紛糾し、研究は行き詰まっていくこともしばしばである。自分たちが興味関心ある内容を研究しているので、それぞれのこだわりも強く、文化祭の取り組み以上に揉めることもある。

それでも、高校ではグループ研究に取り組ませる。それは、学校内での活動が、これから生きていく社会へつながっているからである。年齢、性別、国籍、宗教、価値観など多様な人々が暮らす社会でも、いろいろな意見を聞き対応できるように、視野を広げて物事を捉え行動できるようにしていかなければならない。自分の考えと違う他の意見とどのように合意形成していくのか、価値の多様化が進む現代社会においてどのように適応していくのかが、これからの社会で求められる力である。

大人になり、他者の意見を聞くことを知らず、個人の考えだけを尊重し貫き通そうとしたとき、社会でぶつかる壁は、おそらく分厚く大きいことだろう。今、共に学んでいる一緒に生活している仲間がいるからこそ、身に付けることができる力を教育活動に取り入れていくことが、今の高校生にとって必要なことである。

たとえ高校時代の課題研究だけで、これらの力を身に付けることができていなくても、経験をしている、慣れているというだけで、対応力は違ってくるものである。一人で調べているだけでは思いつかなかった考えや意見によって、違った観点に気付いたり、他者の意見によって惑わされながらも視野を広げることができてよかったと思えるようにしていくことが重要である。他者の価値観や個性を理解し、受け入れていく寛容さを、グループ活動を通して身に付けていってほしい。

出口指導だけでない進路指導

中学校や高校では、卒業後に生徒がどのような進路を歩んでいきたいのかをしっかり考えさせ、情報を提供しながら面談を繰り返し行い、それぞれに応じた指導をしていく。第一希望に合格すればよいが、そうでなければ次の希望先も含めて共に考えていく。生徒も目標に向かって懸命に取り組み、能力を伸ばし、進路への取り組みを通して大きく成長する。

しかし、見通しを持って計画的に活動し、プランニング通りに実行し目標を達成しても、今は何が起こるかわからない時代である。まさに新型コロナウイルスの感染拡大がそれを物語っているであろう。ＡＩが普及し、あらゆることが自動化され、何もかもが便利になり、数年前までは「今後どんなことが可能になるか」「どのように活用できるか」未知の能力ばかりに目が向けられていた。ところが今、新たな感染症に全世界が悩まされ「どのようにして命を守るのか」「感染拡大を早急に防止するためにはどうすればよいのか」という難題に、世界中の人々がマスクを付けながら懸命に戦い続け、模索している。このような生活になることを数年前に誰が予測できただろうか。

高校や大学を卒業し、進路先や就職先が決まれば人生安泰ではなく、さまざまな困難に直面した時に対応できる力が身に付いているか、新たな自分の役割を認識し活動することができるか、これが、これからの社会に生きていく子どもたちを育む教師に課せられた使命であり、それがまさにキャリア教育である。現に三年以内の離職率は高校卒業者で約四割、大学卒業者で約三割であり、一度は決めた職を辞め新たな仕事を探している若者は非常に多い。大学に合格し入学、通い始めるが思い直して浪人をし、受験をし直した生徒もいる。学校教育を終えればキャリア教育終了ではなく、生涯にわたって生徒の中に学んできたことが残っている教育であることが重要である。

教師は、進学先・就職先のように出口の結果にこだわるだけでなく、生涯ずっと自分探しをしていく生徒たちの心に残るような教育ができたか、学校は何を教えることができたのかを時代の変化と共に見直し、教育活動の再構築をしていくことが必要である。大学進学率や奨学金利用率はこの三〇年で大幅に増え、保護者が学生だった時代とは違い、家族構成や教育に対する考え方も変わってきている。また、教育現場にも変化が見られ、ＩＣ

Tを活用したり、グローバルな視点での教育も必要になってきている。昔のままでよいことと、変えていかなければならないことをしっかり見極め、目の前の児童生徒たちをいかに育んでいくのかを考え、教え導いていかなければならない。決して、偏差値だけにこだわり指導するのではなく、生徒が自らねらいを考え、生涯にわたって主体的に行動し、成長していくことができる能力を身に付けているかを、考えていかなければならないのである。

いた，家族との関わりが薄かった，家族仲や両親との関係性が悪かったといったこと等がみられる。とくに，親に心配かけたくないという「我慢タイプ」の子どもたちによくみられる症状だといわれている。

8 諸富祥彦『カール・ロジャーズ入門――自分が“自分”になるということ』コスモスライブラリー，1997年。

9 なお，①～④のケースにおける「子どもの見方」はあくまでも一例である。大切なのは目の前に現れた子どもの不調の要因を自分の常識だけで判断せず，多角的・多面的に捉え，その後の指導・支援のストーリーを紡いでいくという心構えである。そのことは，子どもとの信頼関係の構築につながるだけでなく，子どもの精神状態を安定させ，大きな課題として表面化することの予防にもつながる。

10 Mitchell, K. E., Levin, A. S., & Krumboltz, J. D., “Planned happenstance: Constructing unexpected career opportunities,” *Journal of Counseling and Development*, 77, pp. 115-124, 1999.

11 宮本眞巳「感性を磨く技法としての異和感の対自化」『日本保健医療行動科学会雑誌』31(2)，31～39頁，2016年。

12 文部科学省編『生徒指導提要』文部科学省，2022年。

13 メイヤー，J.・ホームズ，J. P. 編『アインシュタイン150の言葉』Discover，1997年。

第九章

〈参考文献〉

日本キャリア教育学会編『新版　キャリア教育概説』東洋館出版社，2020年。

文部科学省『小学校キャリア教育の手引き』教育出版，2022年。

文部科学省『中学校キャリア教育の手引き』教育出版，2011年。

文部科学省『高等学校キャリア教育の手引き』2011年。

国立教育政策研究所「キャリア教育が促す『学習意欲』」2014年。

和田孝・有村久春編『新しい時代の生徒指導・キャリア教育』ミネルヴァ書房，2019年。

第四章

1　ミニ作文のねらいは２つ。１つは文を書く力を育てることである。この取組で「書けない」という子は減った。さらに構成を考えて，より思いが表れるように工夫して書く子も増えている。もう１つのねらいは，子ども・保護者・担任のコミュニケーションツールとして文字がもつ言葉の力を活用することである。もとは臨時休校のため会えなくなってしまった子どもと担任，保護者の三者をつなぐための取組として始めたが，今では互いのつながりを深める三者の交流の場となっている。

2　文部科学省，新学習指導要領対応小学校外国語活動教材 "Let's Try! 2," Unit 2 参照。

3　文部科学省，新学習指導要領対応小学校外国語活動教材 "Let's Try! 2," Unit 4 参照。

4　直山木綿子監修『なぜ，いま小学校で外国語を学ぶのか』小学館，2019年，162頁。

5　同上。

第五章

1　生徒指導に関する教員研修の在り方研究会「生徒指導に関する教員研修の在り方について（報告書）」2011年。

〈参考文献〉

文部科学省『生徒指導提要』教育図書，2010年。

第六章

1　安野功『学力がグングン伸びる学級経営——チームが育てば選手が伸びる』日本標準，2006年。

2　桂聖『国語授業のユニバーサルデザイン——全員が楽しくわかる・できる国語授業づくり』東洋館出版社，2011年。

3　赤坂真二『資質・能力を育てる問題解決型学級経営』明治図書，2018年。

4　西川純『クラスがうまくいく！「学び合い」ステップアップ』学陽書房，2012年。

5　菊池省三『挑む　私が問うこれからの教育観』中村堂，2015年。

第七章

〈参考文献〉

河村茂雄『学校管理職が進める教員組織づくり』図書文化，2017年。

中央教育審議会「『令和の日本型学校教育』の構築を目指して——全ての子供たちの可能性を引き出す，個別最適な学びと，協働的な学びの実現（答申）」2021年。

長谷川博之『中学校を「荒れ」から立て直す！』みらい，2013年。

藤岡達也編著『今，先生ほど魅力的な仕事はない！』協同出版，2020年，72～82頁。

松久眞実編著『発達障害の子どもとあったか仲間づくり　いじめ撲滅！　12か月』明治図書，2014年。

文部科学省『中学校学習指導要領（平成29年告示）解説　総則編』東山書房，2017年。

第八章

1　Hall, G. S., *Adolescence* Vol. I & II, Appleton, 1904（中島力造・元良勇次郎・速水滉・青木宗太郎訳『青年期の研究』同文館，1910年）.

2　斎藤喜博『教育学のすすめ』筑摩書房，1969年。

3　Eisner, E. W., *The enlightened eye: Qualitative Inquiry and the Enhancement of Educational Practice*, Upper Saddle River, NJ: Prentice-Hall, 1998.

4　Highly Sensitive Person の頭文字を取った言葉。感受性が高く，環境からの影響を受けやすい気質を持っている人を意味する。1996年にアメリカの心理学者であるエレイン・N・アーロン博士が提唱したもので，比較的新しい心理学概念である。

5　アーロン，E. N.，片桐恵理子訳『敏感すぎる私の活かし方——高感度から才能を引き出す発想術』パンローリング，2020年。

6　ハンセン，A.，久山葉子訳『スマホ脳』新潮社，2020年。

7　ストレスや不安から起こる，自身の体毛を引き抜くことをやめられない症状のこと。家庭環境においては幼少期に孤独を感じて

注

第一章

1　リュックタイプの通学カバン。

2　京都御苑のこと。子どもたちの愛称。

3　文部科学省『小学校学習指導要領（平成29年改訂）解説　生活編』東洋館出版社，2018年，９頁。

〈参考文献〉

京都市スタートカリキュラムづくりグループ「京都市発　保幼小をつなぐ　接続期カリキュラム」2015年。

京都市接続期カリキュラム作成プロジェクト「京都市発　保幼小をつなぐ　接続期カリキュラムⅡ（実践編）」2016年。

文部科学省『小学校学習指導要領（平成29年告示）解説　生活編』東洋館出版社，2018年。

第二章

1　正木孝昌『算数の授業で教えてはいけないこと，教えなくてはいけないこと』黎明書房，2009年，16〜17頁。正木は「育てたいのは能動的な子どもたち」であるとし，積極的に対象に働きかけていく子どもたちの姿の原動力を活動力と呼んでいる。そうした活動力を育てるためには，「言葉できちんと教えなければならないこと」と「言葉で直接伝えてはいけないこと」があると述べている。

2　黒柳徹子『窓ぎわのトットちゃん』講談社，1981年。

3　吉永幸司『吉永幸司の国語教室――学年別』小学館，2004年。

4　同上，11頁。吉永は，「低学年は勉強するということの意味を身体全体で覚える学年」であり，「自ら学ぶ力を育てること」が求められているが，放っておいても育つわけではなく，「子どもなりに自覚するように，目的を明確に持たせることを大切にする」必要性を挙げている。

5　山本淳一・池田聡子『できる！をのばす行動と学習の支援――応用行動分析によるポジティブ思考の特別支援教育』日本標準，2007年。低学年のみならず，応用行動分析を特別支援教育に応用することは，学級を経営し，どの子も学びやすくするためには極めて効果的である。

6　小幡肇『やれば出来る！　子どもによる授業』明治図書，2003年。

7　谷口陽一「『こども理解』を深めるシンプルな方法〜全員のその日の言動を思い出す」長瀬拓也編『THE こども理解』明治図書，2015年，57頁。

8　長瀬拓也『ゼロから学べる学級経営――若い教師のためのクラスづくり入門』明治図書，2014年。

9　社会科をつらぬく会『生き方が育つ教育へ』黎明書房，2008年。

10　齋藤孝『子どもに伝えたい〈三つの力〉生きる力を鍛える』NHK ブックス，2001年。

11　大橋功「巻頭言　図画工作科からのメッセージ」大橋功監修，西尾環・森實祐里編著『ゼロから学べる小学校図画工作授業づくり』明治図書，2016年，６頁。

12　森實祐里「『こと』づくりを大切に」大橋功監修，西尾環・森實祐里編著『ゼロから学べる小学校図画工作授業づくり』明治図書，2016年，18〜19頁。

第三章

1　卒業式ソング取材班編『「旅立ちの日に」の奇蹟――いくつもの“卒業”を経て，今響く歌声』ダイヤモンド社，2005年。

2　『語りあおう』作詞：劇団四季文芸部，作曲：鈴木邦彦。『友だちはいいもんだ』作詞：岩谷時子，作曲：三木たかし。『すてきな友達』作詞：梶賀千鶴子，作曲：鈴木邦彦。

3　臼井真『ＣＤブック　しあわせ運べるように』アスコム，2011年。

〈参考文献〉

『歌はともだち　指導用伴奏集２』，教育芸術社。

『小学生の音楽４』教育芸術社，2016年。

『小学生のための心のハーモニーベスト』①⑦⑧，音楽之友社，2015年。

た　行

な　行

は　行

ま　行

さ　行

索　引

あ 行

か 行

《執筆者紹介》（分担，執筆時所属，執筆順）

岸田蘭子（きしだ　らんこ）Ｉはじめに
編著者紹介参照

平田あや（ひらた　あや）第一章
京都市立梅津北小学校教諭

長瀬拓也（ながせ　たくや）第二章
同志社小学校教諭，京都女子大学非常勤講師

藤原　光（ふじわら　ひかる）第三章
京都市立高倉小学校教諭

増田悦子（ますだ　えつこ）第四章
京都市立朱雀第二小学校教諭

川井柚香（かわい　ゆか）第五章
京都市立御所東小学校教諭

髙田洋志（たかた　ひろし）第六章
京都市立仁和小学校教諭

盛永俊弘（もりなが　としひろ）IIはじめに
編著者紹介参照

柳内祐樹（やなぎうち　ゆうき）第七章
近江八幡市立八幡中学校教諭

湯浅修一（ゆあさ　しゅういち）第八章
長岡京市立長岡中学校校長

宇川和余（うかわ　かずよ）第九章
京都府立鳥羽高等学校教諭

《監修者紹介》

田中耕治（たなか　こうじ）

佛教大学教育学部客員教授，京都大学名誉教授
『教育評価』（岩波書店，2008年）
『戦後日本教育方法論史』上・下（編著，ミネルヴァ書房，2017年）
『教育評価研究の回顧と展望』（日本標準，2017年）
『カリキュラム研究事典』（監訳，ミネルヴァ書房，2021年）

《編著者紹介》

岸田蘭子（きしだ　らんこ）

滋賀大学教育学部特任教授，京都市教育委員会指導部学校指導課参与
『小学校ではもう遅い――親子でいられる時間はそう長くない』（PHP研究所，2017年）
『先生も子どもも楽しくなる小学校家庭科』（ミネルヴァ書房，2020年）

盛永俊弘（もりなが　としひろ）

佛教大学教育学部特任教授，長岡京市教育委員会委員，学校心理士
『子どもたちを“座標軸”にした学校づくり』（日本標準，2017年）
『学びを変える新しい学習評価　文例編　新しい学びに向けた新指導要領・通知表〈中学校〉』（共編著，ぎょうせい，2020年）

シリーズ学級経営②
事例で読む学級経営

2023年6月30日　初版第1刷発行　〈検印省略〉

定価はカバーに
表示しています

編著者　岸田蘭子
　　　　盛永俊弘
発行者　杉田啓三
印刷者　中村勝弘

発行所　株式会社　ミネルヴァ書房
607-8494 京都市山科区日ノ岡堤谷町1
電話代表（075）581-5191
振替口座 01020-0-8076

中村印刷・藤沢製本

ISBN978-4-623-09312-0
Printed in Japan